中世社会のはじまり

シリーズ日本中世史①

五味文彦
Fumihiko Gomi

Eurus
Notus
Boreas
Zephyrus

岩波新書
1579

はじめに

中世社会は古代社会の達成の上に築かれた。これまでとは違う新たな動きがおきて、それへの対応から大きく展開をみることになる。その動きの一つが九世紀に日本列島を襲った自然の大変動であるが、ほかにも大陸では大きな政治的変動がおきており、さらに日本列島内部からの社会的変動もあるなど、これらが時に大きく襲いつつも、ゆっくりと影響をあたえたことから、中世社会の枠組みが形成された。

そうした中世社会の展開への画期となるのが、後三条《ごさんじょう》天皇による荘園整理令など一連の国政改革であって、これにより荘園公領制が成立するとともに、地域権力が形成・成長し、武士や民衆が台頭、宗教者の活動も盛んになった。その彼らの活動により中世の文化や社会は大きく広がってゆく。

この中世社会がどう展開して、次の近世・近代社会にどうつながってゆくのかを、本中世史のシリーズで探ってゆくことになる。分権化の波がゆきつくなか、織田信長《おだのぶなが》の上洛とともに集権化へと転換し、統一政権への動きが始まるまで、この五百年間の歴史を描く。

しかしただそれだけではなく、この時代に生まれた物の見方や慣習が現代とどうつながっているのか、どのような点で大きく違っているのかなど、改めて中世社会から現代社会を照射することも目指す。

そのため各巻では諸事象を網羅的に通史として叙述するのではなく、各時期の特徴に沿いつつ筆者の専門研究分野を生かし、それぞれに文化史・政治史・社会経済史・対外関係史に重点を置いて見てゆく。

そこで、第一巻の本書では、最初に中世社会の基本的な枠組みを提示する。古代社会の達成を示して、古代史を回顧し(第一章)、続いて中世の始まりとなる院政時代を叙述する(第二章)。院政時代の開始を告げる後三条天皇の政治から、白河院政、鳥羽院政、後白河院政の各時期のあり方を、台頭してきた武士の動きとあわせて見てゆく(第三、四章)。

その上で中世文化の変化の様相を百年ごとの変化に注目し探ることとするが(第五、六章)、この百年ごとの区切りは、次の表のように西暦の六七・六八年を画期とするものである。

	西暦	事項	時代の動き	思潮
①	一〇六八	後三条天皇即位	院政時代	家

② 一一六七　平清盛太政大臣　　武家政権　　身体
③ 一二六八　蒙古の国書到来　東アジア世界の流動　職能
④ 一三六八　応安の半済令　　公武一統　　型

各時期にはその時期に通底するものの見方や考え方、つまり思潮が見出されることから、それに沿いつつ、文化の展開を考えてゆこう。

次の第二巻では、源頼朝の挙兵に始まる鎌倉幕府を中心に、朝廷と幕府との二つの政権の政治的動きを、鎌倉幕府の滅亡に至るまで扱うが、この時代は訴訟社会としての特徴が顕著なことから、目覚しく整備された法や裁判について多く触れる。

第三巻は、南北朝の動乱から室町時代にかけての通史を描くとともに、この時代に大きく発展をみた町や村の経済・社会の仕組みと動きに触れることで、今日へとつながる町・村の世界の源流を明らかにしてゆく。

第四巻の最終巻は、戦国時代の通史を扱うとともに、特に国際関係の面に注視して時代の世界史的位置づけを行って、この日本史シリーズの最終巻として歴史と現代との関わりに触れる。

では中世史シリーズを始めることにしよう。

目次

第一章　中世社会が開かれる

1　宮廷政治と文化

大地変動とその影響

九世紀後半に日本列島を襲ったのが自然の大災害である。二〇一一年三月の東日本大震災に匹敵する大規模な地震と大津波が、貞観《じょうがん》十一年(八六九)に東北地方を襲った。その五月二十六日、陸奥《むつ》国の「地の大震動」で、津波が陸奥を統治する多賀城《たがじょう》の城下にまで達した様子が、陸奥の国司《こくし》から次のように政府に報告された(『日本三代実録《にほんさんだいじつろく》』)。

流れる光が昼のように照らし、叫び声をあげて身を伏して、立っていられなかった。家屋の下敷きで圧死し、地が割れて埋もれ、牛や馬が驚いて走り出し互いに踏みつけ合った。城郭や倉庫・門櫓《もんやぐら》、壁は崩れはがれ落ちた。

海鳴りが雷鳴のようにあがり、川が逆流、津波が長く連なって押し寄せ、たちまち城下に達した。海を去ること百里、果てしなく水浸しになり、原野も道路もすべて海となった。船で逃げることもできず、山に登るのもできずに溺死者《できししゃ》は千人、財産や農地はほとんど何も残らなかった。

この時期、日本列島を襲ったのは地震だけではない。これより前の貞観六年(八六四)五月には、駿河国《するが》から富士山噴火の報告が都に届いた。「噴火の勢いは甚だしく、山火事は二里四方、光炎の高さは二十丈ほどに及んだ。雷鳴のような音がし地震が三度あり、十余日経っても火はおさまらず、岩を焦がし、嶺《みね》を崩して砂石が雨のように降ってきた」という。貞観十三年(八七一)には東北地方の鳥海山《ちょうかいさん》が噴火し、九州薩摩の開聞岳《かいもんだけ》も同十六年に噴火、ほかにも大風など自然災害が毎年のように襲った(『日本三代実録』)。

さらに飢饉《ききん》や疫病《えきびょう》も襲った。貞観年間に「近代以来、疫病頻発し、死亡甚だ衆《あまた》なり」と、疫病によって多数の死者が生じ、貞観四年(八六二)に始まる疫病では京の内裏《だいり》や建礼門《けんれいもん》・朱雀門《すざくもん》などで大祓《おおはらえ》を行ったがその効果はなかった。疫病は崇道天皇《すどうてんのう》(早良《さわら》親王)など政治的に失脚した人々の「御霊《ごりょう》」によるものと見なされ、その祟《たた》りを鎮めるために内裏の遊苑である神泉苑《しんせんえん》で、僧が読経《どきょう》を、伶人《れいじん》が雅楽《ががく》を、童《わらわ》が舞を行い、雑伎《ざつぎ》や散楽《さんがく》などの芸能も行われて鎮撫《ちんぶ》がはかられた。

こうして大地の変動に応じて、都と地方諸国では新たな動きが始まる。疫病や外敵の侵入などもあって、政府は対応を求められ、その治政を担うことで始まったのが藤原良房《よしふさ》によって開かれた摂関政治である。

太政大臣藤原良房は、文徳《もんとく》天皇が天安《てんあん》二年(八五八)に亡くなると、幼少期から育てていた九歳の惟仁《これひと》親王を即位させ(清和《せいわ》天皇)、中国の太宗の治世「貞観《じょうがん》の治《ち》」にあやかり年号を貞観に改め、新たな政治を展開した。京を対象とする法令を出してその整備にあたったほか、『貞観《じょうがん》交替式《こうたいしき》』や『貞観格式《じょうがんきゃくしき》』などで行政の整備にも力を入れた。

貞観八年(八六六)に応天門《おうてんもん》が焼失して大納言伴善男《とものよしお》が失脚することになるが、その最中の八月十九日に良房が「天下の政《まつりごと》を摂《と》り行はしむ」と命じられ、天皇を補佐して国政を総攬《そうらん》する摂政《せっしょう》の地位がここに始まった(『日本文徳天皇実録』)。

摂関政治と宮廷社会

貞観年間の列島規模での異常事態が政治への求心力を生んだことから、摂関政治への道が切り開かれたのであって、良房の跡を継承した藤原基経《もとつね》も摂政・関白となり、ここに摂関政治が展開してゆくことになった。

摂政・関白が天皇の政治を支えるようになり、皇位をめぐる度重なる皇族間の争いはしだいに影をひそめ、天皇を中心とした宮廷政治が確立していった。摂関が主導する陣定《じんのさだめ》という会議が政治意思を決定し、それを摂関と天皇が決済する形で政治が整えられた。

寛平《かんぴょう》三年(八九一)に基経が亡くなると、宇多《うだ》天皇が親政への意欲を燃やして、菅原道真《すがわらのみちざね》や藤原保則《やすのり》らの文人政治家を起用して政治改革を試みたことから、この治世は後代に「寛平《かんぴょう》の治《ち》」

と称された。

天皇は政務を直接支える蔵人所《くろうどどころ》の充実をはかり、内裏の清涼殿《せいりょうでん》に昇殿する資格を天皇の代ごとに官人を審査して認める昇殿制《しょうでんせい》を整え、側近を殿上人《てんじょうびと》として待遇した。内裏には参議以上の公卿《くぎょう》、蔵人頭《くろうどのとう》指揮下の殿上人が伺候《しこう》し、天皇の政治を支える宮廷政治の体制が確立する。殿上人、地下《じげ》などの宮廷社会の身分秩序がここに定まり、この身分制は基本的に明治維新に至るまで継承されていった。

宇多天皇から位を譲られた醍醐《だいご》天皇は、基経の子時平《ときひら》を重用して政治改革を行ったが、なかでも延喜《えんぎ》二年（九〇二）に荘園整理令を出して、国司に租庸調《そようちょう》の遵守や班田《はんでん》の実施を命じ、皇族・貴族などの院宮王臣家《いんぐうおうしんけ》が地方の有力者と結びついて荘園を増加させていた情勢を食い止めようとした。だが律令制的支配の遂行はもはや不可能な段階にあったので、この法令は結果的に律令制復活の最後の試みとなり、新たな段階への出発点となった。

政府は租税収入を確保するために租税の収取や軍事などの権限を大幅に国司に委譲し、自由に国内を支配する権利を与えたので、現地に赴任した国司が国衙《こくが》（国の行政機関）の最高責任者となり、受領《ずりょう》として任国統治を行った。受領とは、国司の交替の際に前任の国司から適正な事務引き継ぎを受けたことを証明する帳簿（解由状《げゆじょう》）を受領したことによる呼称であって、多くは国司の上位官である国守《こくしゅ》が受領となった。

宮廷政治の確立は宮廷文化の成立を伴っていた。延喜五年(九〇五)に醍醐天皇の命により勅撰和歌集『古今和歌集《こきんわかしゅう》』が編纂されている。『万葉集《まんようしゅう》』に撰ばれなかった古い時代の歌のなかから、撰者たちが生きる当代に至るまでの和歌を集めており、その撰者は紀友則《きのとものり》、紀貫之《きのつらゆき》、凡河内躬恒《おおしこうちのみつね》、壬生忠岑《みぶのただみね》の四人、歌数は藤原定家《ていか》書写本によれば千百十一首に及ぶ。長歌五首・旋頭歌《せどうか》四首があるほかはすべて短歌からなり、あわせて二十巻となった。

紀貫之の手になる仮名序はこう言う。和歌は人の心に浮かんだことを詠むものであるから、自然を見聞するなかで、どうして歌を詠まずにいられようか。力を入れなくとも天地を動かし、目に見えない鬼神をも哀れと感じさせ、男女の仲をなごませ、勇猛なものの心をも慰める、それが和歌である、と説き、和歌の歴史と現今の状況を語って、撰集作業に携わったことを記している。

撰者たちは日本列島が未曽有の災害に襲われた貞観年間に生を享《う》け、それへの文化的対応を求められた時期に成長するなか、和歌には力があることに思いを致し、勅撰和歌集の編纂にあたったのである。

宮廷文化の広がり

『古今和歌集』がそれ以前の和歌と大きく違うのは、漢詩文を咀嚼《そしゃく》した上で『万葉集』の歌を再評価し、それを踏まえて詠んでいる点であって、この和歌の詠まれ方が以後の和歌文化の規範とされた。そのきっちり三百年後の鎌倉時代に『新古今和歌集《しんこきんわかしゅう》』が後鳥羽《ごとば》上皇によって編まれ、室町時代になり勅撰和歌集は編まれなくなるが、『古今和歌集』の和歌作法の伝授である古今伝授が行われるようになった。

こうした宮廷文化の基盤形成をよく物語っているのが、『伊勢物語《いせものがたり》』『竹取物語《たけとりものがたり》』の二つの文学である。『伊勢物語』は宮廷文化を代表する歌人を主人公に選び、文化の内実や片鱗を語る。作者は在原業平《ありわらのなりひら》の歌を軸に業平周辺の動きを虚実入り交えた歌物語として記し、和歌をどう詠めばよいのかを状況ごとに示した和歌の指南書の意味合いもあった。

『竹取物語』は、優なる美女を主人公とし、その物語を通じて宮廷文化のあり方やその存在を語っている。この謎の美女が、求婚する男たちを拒否し、帝からの求婚にも応じずに最終的には天に昇ってこの世を去るという宮廷文化のファンタジーや、宮廷の主宰者である帝が天により支えられていることなどが描かれている。

この時期に確立した宮廷文学は、祖型として後世に大きな影響を与えた。十世紀半ばには『伊勢物語』と『竹取物語』の系譜を引く『大和物語《やまとものがたり》』『宇津保物語《うつほものがたり》』が著され、十一世紀には物語と和歌の文学を駆使した『源氏物語《げんじものがたり》』が生まれ、宮廷世界は爛熟期を迎える。『伊勢物語』は、中世には能の「井筒《いづつ》」「雲林院《うんりんいん》」などに典拠を提供し、近世には『仁勢物語《にせものがたり》』などのパロディ作品を生み、人形浄瑠璃《にんぎょうじょうるり》や歌舞伎《かぶき》など江戸の演劇世界でも素材とされた。

こうした宮廷文化を下支えしたのが京都の都市的発展である。貞観十一年(八六九)に疫病により四条河原《しじょうがわら》の東の八坂《やさか》郷で祇園御霊会《ぎおんごりょうえ》が開かれると、六月十四日に洛中の男児や郊外の百姓がその神輿《みこし》を神泉苑に送っている。貞観十四年の疫病流行では、その原因が渤海《ぼっかい》の使者入朝による「異土の毒気」であるという噂が流れ、京都近郊で御霊会が開かれた。寛平元年(八八九)には京の賀茂社《かもしゃ》で臨時祭が創始され、平安京の西南に鎮座した石清水八幡《いわしみずはちまん》神社でも臨時祭が開かれて、ともに王城鎮護の神として尊崇され、朝野をあげてその祭礼が賑わった。京都の年中行事を描く『年中行事絵巻《ねんじゅうぎょうじえまき》』に見える京の祭礼の多くは、この時期に始まる。自然災害や疫病に繰り返し襲われても、人々は京都に住み続けるようになった。

本格的な都城の遷替《せんたい》はもはや行われなくなり、永続的な都市としての京都が明確に生まれ、「千年の都」となっていった。それとともに天皇が京都とその近郊に外出するのは特別な行幸《ぎょうこう》時に限られるようになり、寛平七年(八九五)に上層貴族の京都居住が義務化され、五位以上の王族や貴族の行動範囲が東は逢坂《おうさか》、南は山崎・淀《よど》、西は摂津《せっつ》・丹波《たんば》の境、北は大江山《おおえやま》の範囲に限られた。

2　大地を開いた人々

山野を開いた人々

大地変動は東日本にすこぶる影響が大きく、元慶《がんぎょう》二年(八七八)には出羽《でわ》の俘囚《ふしゅう》が秋田城を攻めて官軍を撃破する元慶の乱がおき、東北地方で続いていた三十八年戦争以後、戦乱のなかった地が戦いの場となった。

寛平元年(八八九)には「東国の賊首」物部氏永《もののべのうじなが》が蜂起し、昌泰《しょうたい》二年(八九九)には、東海道や東山道で荷駄の運送に関わっていた富豪の輩《ともがら》が、運送用の馬を略奪して「僦馬《しゅうば》の党」をなし、甚大な被害をあたえていることから、朝廷は相模《さがみ》の足柄《あしがら》坂と上野《こうずけ》の碓氷《うすい》坂に関を置いて取り締まりをはかった。

諸国では富豪の輩が列島規模の変動のなかで盛んな活動を繰り広げるようになっていた。八・九世紀から郡司《ぐんじ》一族やその出身者、土着国司など律令官人の経験者がその蓄積した富によって墾田《こんでん》開発や田地経営を行い、百姓への出挙《すいこ》(高利貸付)を行って富の集積をはかるようになり、「富豪の輩」と呼ばれていた。

山野や河海の開発はこれまでにも行われてきたが、列島規模の大変動とともに荒地や未開地の開発・再開発が進められ、奥山や高山の開発なども盛んに行われるようになった。諸国の経営を請け負った受領は、富豪の輩の活動を規制するいっぽうで、積極的に取り込む方策も進めた。富豪の輩を農業経営者の面から「田刀《たと》」や「田堵《たと》」と捉えてゆくようになり、開発した土地については開発者の権利(本主権《ほんしゅ》)として認めるなどしたので、開発はこの時期から新たな意義をもち始めるようになる。

十一世紀に藤原明衡《あきひら》が著した『新猿楽記《しんさるがくき》』は、猿楽見物に集まった右衛門尉《うえもんのじょう》一家の構成を紹介する形で、当時の社会階層のあり方を描いた作品だが、そのうちの「出羽権介《でわごんのすけ》田中豊益《とよます》」について、農業経営を専門とし数町の田地を経営する大名田堵《だいみょうたと》であり、日照りに備えては農具や用水の整備に勤《いそ》しみ、農民の育成にあたり、播種期には農民の作業を上手に指揮する「勧農」の達者であると紹介している。

同じ『新猿楽記』に載る一生不犯《ふぼん》の大験者は、何度も大峰《おおみね》や葛城《かつらぎ》に通い、「辺道《へち》」(四国遍路)を踏んでいて、その赴いた修験所は熊野や金峰《きんぷ》、越中立山《たてやま》・伊豆走湯《はしりゆ》・根本中堂《こんぽんちゅうどう》・伯耆大山《ほうきだいせん》・富士御山・越前白山《はくさん》・高野《こうや》・粉河《こかわ》・箕面《みのお》・葛川《かつらがわ》であったという。この修験者が山々を開いていったのである。

そのひとつの熊野については、『三宝絵詞《さんぼうえことば》』に、熊野本宮《ほんぐう》の神は熊野の地に根ざす地主神であり、そこに結《むすび》・速玉《はやたま》(那智《なち》・新宮《しんぐう》)の神を迎えて本宮としての体裁が整えられたとある。加賀の白山には奈良時代に泰澄《たいちょう》により開かれたという伝承があるが、発掘された遺物などからは十世紀に開かれたことが知られる。

山野に分け入って開発を進めてゆく上で、僧の宗教力と知恵が必要とされた。『今昔物語集《こんじゃくものがたりしゅう》』巻二十六の第八話には、飛驒《ひだ》国の山野に分け入って道に迷った僧が、ある郷《さと》に出て豊かな家に寄宿したところ、その家の娘が神の生贄《いけにえ》とされるという話を聞き、知恵を絞って神とされていた猿をこらしめ、ついには「郷の長者」として崇められ、郷の人が奉仕するようになったという話を載せる。

兵たちの台頭

山野を開き、その地を守るにあたって、富豪の輩はその農業経営力とともに武力を利用し、修験者は宗教力と知恵を用いたのであるが、蓄財によって任国に根をおろし土着した人々も、他の勢力と対抗するために武力を用いるようになって、そこから「兵《つわもの》」が生まれてきた。

この「兵」の活動を生き生きと描いたのが説話集『今昔物語集』であり、天竺《てんじく》・震旦《しんたん》・本朝《ほんちょう》の三国の仏法と世俗の話を集め、その世俗部に妖怪霊鬼・盗賊・悪行・兵・笑いなど様々な話を収録している。巻二十六には、北陸の越前の「兵」有仁《ありひと》の婿となった藤原利仁《としひと》が摂関家に仕えるなか、同じく仕えていた五位の侍が芋粥《いもがゆ》をたらふく食べたい、と語るのを聞き、有仁の越前敦賀《つるが》の家に連れ出しもてなした話が載る。芥川龍之介『芋粥』の元になった話である。

巻二十五は兵の列伝の体裁をとり、その第一話は「東国に平将門《たいらのまさかど》と云ふ兵有りけり」と始まる平将門の話、続く第二話は「伊予国に有りて、多くの猛き兵を集めて眷属《けんぞく》となした」と始まる藤原純友《すみとも》の話であり、ここに登場する兵たちがおこしたのが承平《じょうへい》・天慶《てんぎょう》の乱である。土地を開発するなか、兵の間ではしばしば争いがおきていたが、その最大の争乱となった。

将門の祖父高望王《たかもちおう》は九世紀末に平朝臣《たいらのあそん》を賜姓され(桓武《かんむ》平氏)、上総介《かずさのすけ》となって東国に下り土着すると、子らは関東の各地に勢力を扶植していった。その一人の良持《よしもち》は下総《しもうさ》国北部に根づき、この跡を継承したのが子の将門であって、子弟や従類《じゅうるい》、伴類《ばんるい》を組織し勢力を広げ、下総豊田を本拠としていた。将門と争った一人、叔父の平国香《くにか》は常陸大掾《ひたちのだいじょう》で土着して常陸の石田に「舎宅」を構え、もう一人の源護《まもる》は前常陸大掾で筑波山西北麓の真壁《まかべ》に宅を構えていた。将門の争いの原因は、『今昔物語集』によれば将門の父良持の田畠めぐる争いであったという。

承平《じょうへい》五年(九三五)、源護は将門の襲撃にあって敗れてしまい、常陸の筑波・真壁・新治《にいはり》三郡の伴類の舎宅を焼かれた。東国を舞台とした「兵」による日常的な私合戦だったのだが、ここから国家を揺るがす大乱へと発展してゆき、ついには将門が兵を率いて常陸国府を攻め、国府の印璽《いんじ》を奪い国の実権を握ったことから朝廷への反乱となった。

勢いに乗って下野《しもつけ》・上野《こうずけ》の国府をも領した将門は、巫女《みこ》の託宣によって「新皇《しんのう》」と称し関東諸国の国司を任命したので、驚いた朝廷は天慶三年(九四〇)に坂東八か国に追捕《ついぶ》凶賊使《きょうぞくし》を任命し、藤原忠文《ただふみ》を征東大将軍に任じて二月八日に東国に進発させた。これに応じた国香の子左馬允《さまのじょう》平貞盛《さだもり》が下野国押領使《おうりょうし》の藤原秀郷《ひでさと》と連携して将門を攻めたところ、将門は流れ矢に中《あた》って一命を失い、乱はあっけなく終結してしまう。

この乱の功によって平貞盛は出世をとげ、桓武平氏のその後の発展の基礎を築くところとなった。その後の源平の争乱で活躍する伊豆の北条《ほうじょう》氏や下総の千葉氏、常陸の大掾《だいじょう》氏をはじめとする東国の平姓の武士の多くはその子孫であって、藤原秀郷の子孫も北関東から奥州にかけて広がっていった。

なお将門の叔父良文《よしふみ》は巻二十五の第三話に見えており、同じく「魂太く心賢き兵」である武蔵の足立郡箕田《みだ》の源宛《あつる》と戦ったが、勝負がつかないので一騎打ちの戦いに挑んで、引き分けに終わったという。下総から武蔵大里郡の村岡に出た兵であって、「村岡五郎」と称されその子孫は広がり、上総の平氏や武蔵の秩父平氏、相模の鎌倉氏などへと繋がってゆく。

日本列島が承平・天慶の乱で揺れている頃、大陸では中国の唐王朝が滅んだ後、五代の諸国が次々に生まれては衰退を繰り返した末、九六〇年に宋王朝が建てられると、これと前後してその周縁で新たな国家や王朝が建設されていった。

対外交流を開いた商人たち

朝鮮半島では高麗《こうらい》が、中国の北辺では西夏《せいか》・遼《りょう》・金《きん》などの諸国が、中国の南部でもベトナムに大越《だいえつ》、雲南に大理《だいり》が建国された。これらの国々のうち西夏・遼・金の三国では西夏文字・契《きっ》丹《たん》文字・女真《じょしん》文字などの独自の文字を用いるなど、国のあり方に応じて中国文化の影響を受けつつも「国風」文化への取り組みがあった。

日本の文化が「国風化」の傾向を示したのはそれと同じ動きであった。日本列島では新たな王朝形成はみなかったが、それに対応した動きが「国風化」であって、和歌や仮名文字、倭絵《やまとえ》、寝殿造《しんでんづく》り建築など、圧倒的な中国文明の直接の影響から抜け出し、独自に作り上げてきた文化である。中国風のものを「唐風《からふう》」「唐様《からよう》」とみなし、それらに「倭風」「和風」「和様」を対置させ文化を解釈し演出する試みが広く行われるようになった。「唐風」「唐様」とあるように、唐そのものではなく唐のごときもの、唐に似せたもの、唐のものと理解された観念であり、イメージのなかでの唐にほかならない。

日本列島が海を越えて離れていた分、距離を置いて接し、唐の物を受容するなかでその文化を変容させていった、それが唐風であり、唐風に対置させて和風が形成されてきたのであるが、このことは大陸文化との決別を意味するものではなかった。遣唐使派遣は行われなくなっても、唐物《からもの》の取引は商人たちにより活発に行われていた。

日本からの大陸渡航は途絶えていたが、永観《えいかん》元年（九八三）に宋に渡った僧奝然《ちょうねん》は、天台山の開元寺《かいげんじ》に赴いて釈迦の瑞像を模刻し、多くの経典とともに日本に将来したが、皇帝太宗に日本の国情を説明した上奏文に、「東の奥州は黄金を産出し、西の対馬《つしま》は白銀を産出して租税とす」と記しており、金と白銀が日本の主な輸出品であったことがわかる。

日本では僧の渡海は認められていても、一般人の渡海は禁じられていたから、博多に宋の商人がやってくると、人々は唐物を競って求め、博多や近くの筥崎《はこざき》には京から様々な勢力が進出した。『新猿楽記』に描かれている商人の主領八郎が取引していた「唐物」に、沈《じん》・麝香《じゃこう》以下の四十五種類、「本朝の物」に緋襟《ひきん》・象眼《しょうがん》以下の三十種類があるというが、唐物は香木、染料、薬品、顔料、皮革、衣料など極めて多様であった。

『今昔物語集』には、筥崎宮（箱崎宮）の秦貞重《はたのさだしげ》が摂関家に挨拶するために上洛した話が見える。唐人から多くの唐物を借り土産として持参したその帰りの船で、伴人が真珠を物売りから買ったところ、それが唐人に高額な値で売れたという。右大臣藤原実資《さねすけ》は、筥崎宮の近くの香《か》椎《しい》宮の宮司や高田牧司《もくし》から多くの唐物の進物《しんもつ》を受け取っていた(『小右記《しょうゆうき》』)。

京童の登場

宮廷文化が繰り広げられた京の都市文化の担い手として登場したのが京童《きょうわらわ》である。先述のとおり、『新猿楽記』は猿楽見物にやってきた右衛門尉一家を紹介する体裁で、様々な職能の人々の活動の様子を生き生きと描くが、そこで演じられた猿楽の演目に田《でん》楽《がく》や傀儡子《くぐつ》、唐術、品玉《しなだま》などの奇術、琵琶《びわ》法師《ほうし》が語る物語があげられ、続いて「京童の虚左礼《そらざれ》、東人の初京上り」と、上洛した田舎の人をからかう寸劇に「京童」の言葉が見える。

同じ藤原明衡の『雲州消息《うんしゅうしょうそく》』(『明衡往来《めいごうおうらい》』)は、京の東南の深草《ふかくさ》にある稲荷《いなり》社の祭礼(稲荷祭)を見物した様子を記している。四月の稲荷祭は稲荷の神を七条辺に住む人々が東寺《とうじ》近くの御旅所《おたびしょ》に迎えて祀る祭礼で、消息の書き手が稲荷社の神輿がやってくる七条大路に見物に出かけたところ、蔵人町から出された「村」(グループ)が神輿行列の馬長《うまおさ》の童に付き従って、「町」の清太や黒観寿などの京童との間に争いを繰り返していたという。

彼ら京童は、金銀をちりばめた衣装で着飾り、その風流の華美な様は「十家」の財産を使い尽くすようなものであって、その祭礼では様々な芸能が演じられ、特に散楽は都の人々を大いに笑わせた。内藤太《ないとうた》の横笛や禅師の琵琶、長丸の傀儡、藤太の猿楽などであるが、これらの芸能はその後の中世社会で広まってゆく(図1-1)。

図 1-1　稲荷祭．馬長と京童(『年中行事絵巻』)

『今昔物語集』には、京の警察を司る検非違使《けびいし》の忠明《ただあき》が京童との諍《いさか》いから清水寺《きよみずでら》に追いつめられ、やむなく清水の舞台から谷底に飛び降り、事なきを得たという話が載るが、都の庶民文化はこの京童によって開かれていったのである。

その活躍の場が稲荷祭や祇園祭のような祭礼であった。御霊会《ごりょうえ》が行われた京の東の八坂《やさか》の地に、延長《えんちょう》四年(九二六)に興福寺の僧が春日《かすが》社の水屋を移して祇園天神堂となしたのが祇園社の起源で(『日本紀略』)、祇園祭の起こりは、天延《てんえん》二年(九七四)に高辻東洞院《たかつじひがしのとういん》を旅所として神幸するので祀るようにという神託があったことによる。それ以来六月七日に神幸し、六月十四日に本社に帰ることとされ、この間、様々な芸能が奉納されるとともに、朝廷からは馬長の童が神幸の行列に向けて献じられるようになったのである。

『新猿楽記』に紹介された猿楽見物の一家にまつわる人々から京童は生まれていた。その十六人いる娘のうち二人は遊女と巫女。他の娘の夫たちは「高名の博打」「天下第一の武者」「大名田堵」や「学生」「相撲人」「大工」「医師」、陰陽師、管絃和歌の上手など、九人の息子は「能書《のうしょ》」「験者《げんじゃ》」「受領の郎等《ろうとう》」「大名の僧」「絵師」「仏師」「商人の主領」、楽人の弟子などで、彼らは中世後期に描かれるようになる『職人尽絵《しょくにんづくしえ》』の職人の先駆的存在であった。

飢饉や疫病の広がりによって御霊信仰に基づく神社も多く生まれていた。特に大陸との交流が広がるなか疫病が西から流行するようになり、北野の天満天神や今宮《いまみや》・若宮《わかみや》を祀る御霊信仰が盛んとなり、その祭礼で賑わっていた。都市京都がこのように賑わいを呈するなかで、政治の動きはどうだったのであろうか。

3　中世の風景

後期摂関政治の始まり

安和《あんな》二年(九六九)三月、左馬助《さまのすけ》の源満仲《みつなか》と前武蔵介《むさしのすけ》藤原善時《よしとき》から、源連《つらぬ》・橘繁延《たちばなのしげのぶ》に謀叛の疑いがあるという訴えが出されると、宮中では「ほとんど天慶の大乱の如し」という衝撃が走った。

やがて醍醐天皇の皇子で源氏に降下していた左大臣の源高明《たかあきら》が、娘婿の為平《ためひら》親王を皇位につけようとしたという嫌疑をかけられ、高明が失脚し大宰権帥《だざいごんのそち》に左遷される安和の変がおき、これを契機に政治の実権は藤原氏が他氏を排除し完全に握るようになり、その下で政治が進められていった(後期摂関政治)。

密告した清和《せいわ》源氏の源満仲もこれ以後摂関に密着して仕え、その警固にあたるなか、子を諸国の受領となし、朝廷に仕える武士として源氏発展の基礎を築くところとなる。

諸国の受領は地方での争乱が少なくなったこともあって、任国に下って大きな富を得るようになった。歌人の平兼盛《かねもり》は天元二年(九七九)に駿河国の受領になることを望んで、「国を拝する者その楽あまりあり。金帛《きんぱく》蔵に満ち、酒肉案《あん》(机)に堆《うず》む。況《いわん》や数国に転任するに於いておや」と記している。文人や歌人も受領になり富者となる途を選んだ。

その受領は大名田堵の力を利用して公領《こうりょう》の支配を行うようになり、国には郡《ぐん》・郷《ごう》・保《ほ》・名《みょう》という徴税の単位が生まれ、郡司・郷司・保司・名主《みょうしゅ》がその地の経営を請け負う体制が成立してゆき、さらにこれを梃子《てこ》に土地が寺社や権門《けんもん》に寄せられ荘園が生まれていった。受領は任初に荘園を整理して徴税を強化したが、任終になると権力者におもねって逆に荘園を認可し、次なる出世の手掛かりとしたので整理の実はあがらなかった。

永延《えいえん》二年（九八八）に尾張《おわり》国の郡司・百姓が朝廷に訴えたのは、受領による飽くなき国内収奪であるが（『尾張国郡司百姓等解《おわりのくにぐんじひゃくしょうらのげ》』）、こうした訴えにもかかわらず受領は多くの富を都にもたらした。『新猿楽記』が描く受領の郎等の四郎が交易した土産の「贄菓子《にえがし》」は、阿波絹・越前綿・美濃八丈・安芸榑《くれ》・備後鉄・長門牛・陸奥駒など極めて多様な特産品である。東国の物産は近江の大津に集まり、西国の物産は摂津の山崎や淀などの湊《みなと》に集まり、そこから「馬借《ばしゃく》・車借《しゃしゃく》」によって京に運ばれた。

受領は国で得た富の京への輸送に心を砕いた。十一世紀成立の往復書簡集『高山寺本古往《こうざんじぼんこおう》来《らい》』には、受領に関わる手紙が載り、そのうちの「松影《まつかげ》」という武者からの手紙は、官米を京に運上《うんじょう》する押領使を命じられたが、武者の子孫ではあってもその業を継いでいない、と断っている。しかしこれに受領は、代々の運米の押領使として公事を勤めてきたことは広く知られておるので勤めるよう命じている。武者とは国衙に編成された「兵」である。

地方支配を受領にゆだねたことから、天皇・摂関・公卿は京都にあって政治を進めればよくなった。安和二年（九六九）の安和の変後に即位した円融院《えんゆういん》の跡をうけて、永観二年（九八四）に即位した花山《かざん》天皇は、藤原伊尹《これただ》の五男義懐《よしちか》の支えで官人の綱紀粛正をはかり、受領の兼官を禁止し、延喜荘園整理令以後の新立荘園の停止、悪銭を嫌う風潮への対策、京中での売買価格の安定化策などの政策を新制《しんせい》として矢継ぎ早に打ち出した（永観の新制）。

村上天皇が朱雀《すざく》天皇からの代替わりの際に「天暦の新制」と呼ばれる新たな法を出すようになって以来、時代は格式《きゃくしき》の時代から新制の時代へと移っていたのであり、花山天皇の後も長保《ちょうほう》元年（九九九）に一条天皇が内裏の焼失を契機に十一か条の新制を出している。

人間と自然の風景

文人や歌人が挙《こぞ》って受領になることを望み、その得た富によって娘を宮中の女房となし、また女房を妻に迎えたことから、女姓の教養が高まり、仮名による文学世界が開かれていった。

その受領の娘による文学の最初を飾るのが、藤原倫寧《ともやす》の娘が著した『蜻蛉日記《かげろうにっき》』である。そのなかで、受領たちが得た富を摂関や公卿などに提供して奉仕する様子について、「あけくれひざまづきありくもの」と記している。

著者は宮廷世界に憧れをもち、和歌や物語の文化を身につけてきたものの、摂関家の兼家《かねいえ》という貴公子の妻となったため、宮廷の世界に直接に関わることがなかったのだが、兼家との恋や、その愛憎と焦燥、自我のあり様、兼家との間に儲けた子藤原道綱《みちつな》への思いなどを直截に記した稀有な作品となっている。男女の愛情については、これまでにも恋歌や恋物語により様々に表現されてきたが、これを散文の日記という形で表現した点で極めて意義深く、後世に大きな影響をあたえた。

その宮中の世界に入り宮廷文化を体感したところを『枕草子《まくらのそうし》』に著した清少納言《せいしょうなごん》も、父は清原元輔《もとすけ》という周防《すおう》・肥後《ひご》の受領を歴任した歌人であったから、それもあって受領に任じられる日の様子が『枕草子』には生きいきと記されている。

清少納言の研ぎすまされた鋭い感性が自然や社会の風景を描いており、家の生活や宮中での勤めなどの体験に基づく観察眼が発揮されている。その自然観や人間観は和歌には詠まれていても、散文の形で書かれることがなかっただけに、影響は大きかった。次の一八八段に表現された自然観は今につながっている。

野分《のわき》の又の日こそ、いみじうあはれにをかしけれ。立蔀《たてじとみ》、透垣《すいがい》などの乱れたるに、前栽《せんざい》どもいと心ぐるしげなり。大きなる木どもも倒れ、枝など吹きをられたるが、萩《はぎ》、女郎花《おみなえし》などのうへによころばひふせる、いと思はずなり。格子《こうし》のつぼなどに、木の葉を、ことさらにしたらんやうに、こまごまと吹入れたるこそ、荒かりつる風のしわざとはおぼえね。

野分(大風)の翌日、立蔀や透垣などが壊れ、庭先の植え込みも気の毒だ。大きな樹木が倒れ、萩や、女郎花などの上に被さっているのは思いがけず驚かされるという。整然とした庭の景色ではなく、やや荒れた景色を愛でており、これはその後の日本人の感性に引き継がれていった。

清少納言が仕えていた一条天皇中宮の定子《ていし》が亡くなって宮中を去ると、かわって登場したのが紫式部《むらさきしきぶ》である。父の藤原為時《ためとき》も文人で、越前・越後の受領を歴任したが、結婚相手の藤原宣《のぶ》孝《たか》も諸国の受領を歴任していた。その宣孝が亡くなり、御《み》堂関白《どうかんぱく》藤原道長《みちなが》やその娘の中宮彰子《しょうし》に仕えるようになるなか著したのが『源氏物語』である。

主人公に摂関ならぬ源氏を選んだことにより、また物語という創作の仕掛けによって、宮廷政治や地方の社会の動きを自在に取り入れ、時代の光と影とを描くことに成功した。作中の人物の言葉をかりて「日本紀などはただ片そばおかし、これら(物語)こそ道々しく詳しき事はあらめ」(蛍の巻)と物語の優位性を強調し、人生の真実を表現するのに物語に優るものはないと指摘している。

ここに人間観と自然観の極致が描かれ、当代の人々を魅了した。藤原道長も読者であって、紫式部の局《つぼね》にやってきてはいつも原稿を催促していたという。

宮廷文化の裾野

女性たちの文学が開花する上で必要な教養文化が形成されていて、源為憲《ためのり》は諸般の知識を分類し節を付けて暗誦しやすく『口遊《くちずさみ》』にまとめ、『三宝絵詞《さんぼうえことば》』に仏教説話や行事を記し絵巻にした。源順《したごう》は百科辞書『倭名類聚抄《わみょうるいじゅしょう》』を著したが、漢詩文制作の手引き書『作文大体《さくもんだいたい》』を著したともいわれており、ともに後世に大きな影響をあたえた。

文人の文章を集めて成ったのが『本朝文粋《ほんちょうもんずい》』であり、本書が成立する十一世紀初頭までの詩文を収録し、集められた公文書類や秀句は後世において文章を作成する上での規範とされていった。編者の藤原明衡は『新猿楽記』を著し、往復書簡集『雲州消息』(『明衡往来』)では、四季おりおりの消息(手紙)の書き方で社会の動きを描き、これも後世に引き継がれた。

ほかに書では小野道風《とうふう》、藤原佐理《すけまさ》、藤原行成《ゆきなり》という後に三蹟《さんせき》と称される能書《のうしょ》が生まれ、和風の書として後世に継承されていった。丹波康頼《たんばのやすより》が医学書『医心方《いしんほう》』を著すなど実用書も著され、当代の才人の藤原公任《きんとう》は漢詩文を朗詠のために翻案して、和歌とあわせて『和漢朗詠集《わかんろうえいしゅう》』を編んでいる。

こうした文化は、大陸文化の教養や文物の上に築かれていた。宮仕えした清少納言が目を見張ったのは、主の中宮が「しろき御衣どもに、紅の唐綾《からあや》をぞ上にたてまつりたる」という姿であり、御前には「沈《じん》の御火おけの梨絵《なしえ》したる」があり、「唐衣こきたれたるほど」という女房たちが控えていて、その様子に「いとうらやまし」と記している。沈の火桶とは東南アジア産の沈香で作られた火鉢であり、他にも唐綾などの唐衣、唐鏡、唐錦、唐の薄物《うすもの》、唐の紙のほか、瑠璃《るり》の壺などの多くの唐物《からもの》で満たされていたことを記している。

信仰の面では、仏を祀る堂が京の各所で生まれた。広く念仏を人々に勧めた空也《くうや》は、市で乞食をして得た食物などを貧窮者や病人に施して「市聖《いちのひじり》」と称され、応和《おうわ》三年（九六三）に東山に西光寺《さいこうじ》を建立したが、その没後、これを継承した僧の中信《ちゅうしん》が貞元《じょうげん》三年（九七八）に六波羅蜜《ろくはらみつ》寺《じ》と改称し都市民の信仰を集めるようになった。

寛弘《かんこう》元年（一〇〇四）、千手陀羅尼《せんじゅだらに》の験《げん》（効験）の力で世に知られた「横川《よかわ》の皮仙《かわひじり》」行円は、一条北辺に行願寺《ぎょうがんじ》を構えて、賀茂社のケヤキの霊木によって千手観音を造って安置し信仰を広めた。頭部に仏像を戴き、宝冠をかぶり、鹿皮衣を着るという特異な風体から「皮聖」「皮仙」と、寺は「革堂《こうどう》」と称された。ほかに六角堂や因幡堂、雲林院《うりんいん》などの堂も生まれている。

こうした神仏とともにあったのが遊女や巫女である。『新猿楽記』は「歌の声は和雅にして、頻鳥《びんちょう》の鳴るがごとし」と巫女について語り、「声は頻伽《びんが》のごとく、貌《かお》は天女のごとし」という「遊女・夜発《やほち》の長者、江口《えぐち》・河尻《かわじり》の好色」などの今様《いまよう》を謡う遊女の存在を記している。摂津の淀川の河口の江口や神崎川の河尻には遊女が住み着いて往来する客をもてなした。

西の京にも遊女がいて、今様の「太秦《うずまさ》の薬師が許へ行く麿《まろ》を　頻《しき》り止《とど》むる木の島の神」の歌は遊女が謡ったものであろう。「太秦の薬師」とは太秦にある広隆寺《こうりゅうじ》の本尊の薬師如来であり、長和《ちょうわ》三年（一〇一四）に安置され、東西の京の貴賤は眼病を治してくれる仏として参詣し（『日本紀略』)、清少納言も病の女房のために詣でた話を記している。

神仏習合の思想

巫女は今様を通じて神と民衆の間を繋いだが、その拠点としたのが御霊信仰に基づいて新たに生まれた今宮や旧来の神社に生まれた若宮・王子であって、石清水社や奈良の春日社の若宮では巫女が民衆の声を神に届け、神の声を伝えた。

信仰の面では神仏習合の思想が広がりを見せていた。天竺・唐から渡来した仏教をわが国が受容するにあたり、在来の神の信仰と結び付いて生まれたのが神仏習合の思想である。仏はその威光を和らげて世俗に交わり、教えを広めるために神の姿をとって現れたとする「和《わ》光《こう》同《どう》塵《じん》」の主張が唱えられ、神の背後には仏があるという本地垂迹《ほんじすいじゃく》説の考えが浸透していった。

藤原氏の氏社・春日社に神仏習合の信仰が入っていった様子は、『春日権現験記絵《かすがごんげんげんきえ》』の最初の話が伝える。承平七年(九三七)二月二十五日、亥《い》の時に春日社の神殿が鳴動して風が吹いたその時、中門に参籠していた橘氏女《うじのにょ》に託宣が下った。氏女は神殿守や預、僧らを集めてその託宣を述べた。自分は菩薩なのに朝廷から菩薩号が与えられないのはおかしいことだと述べ、問われて「慈悲万行菩薩」であると名乗った後、太政大臣や大臣など諸々の公卿も、自分が判ずるなどと語ったという(図1-2)。

春日社では一宮に常陸の鹿島《かしま》社の武甕槌命《たけみかずちのみこと》、二宮に下総の香取《かとり》社の斎主命《いわいぬしのみこと》、三宮に河内《かわち》の枚岡社の天児屋根命《あめのこやねのみこと》をそれぞれ勧請しており、四宮比売《ひめ》神は三つの神の神殿に相住んでいたことから相殿姫《あいどのひめ》と称されていたが、こうした神々の信仰のなかに菩薩《ぼさつ》という仏の信仰が入ってくるとともに、御霊信仰に基づく若宮も生まれたのである。

図 1-2　春日社参詣中に下った託宣を述べる女
（『春日権現験記絵』）

後白河院政の時代の承安《じょうあん》五年（一一七五）、蓮華《れんげ》王院《おういん》の鎮守の惣社《そうじゃ》に神々を勧請するにあたり、本地が何かを求められた春日社は、一宮が不空《ふくう》羂索観音《けんじゃくかんのん》、二宮が薬師如来、三宮が地蔵菩薩、四宮が十一面観音、若宮が文殊《もんじゅ》菩薩であると注進している（『吉記』）。

仏教信仰の動きや時代の変遷とともに神の本地とされる仏も変わっており、紀伊の熊野の本宮・新宮・那智宮についてもそれぞれ阿弥陀如来・薬師如来・千手観音が本地とされるようになった。人々が神に祈ったのは実はその本地の仏の功徳への期待ゆえであった。

こうしたなかで、特に阿弥陀仏の本願《ほんがん》を信じ極楽浄土に往生を願う信仰も急速に広がっていった。十世紀に空也が阿弥陀信仰と念仏を民間に勧めて広がりを見せ始め、源信《げんしん》が寛和元年(九八五)に『往生要集《おうじょうようしゅう》』を著し、念仏の方法や阿弥陀仏の観想、往生の作法などを説いたことで大きく広まったのである。

その『往生要集』は「願はくは、仏、大光明を放ち、決定し来迎し、極楽に往生せしめたまへ、南無阿弥陀仏」と、往生を念じるように勧めたが、この情景を描いたのが「阿弥陀聖衆来迎図」であり、それを庭園に映したのが宇治《うじ》に造られた平等院の庭園であった。

浄土の風景

浄土信仰は、教・行・証が備わった正法《しょうぼう》の時代から、証(悟り)のない像法《ぞうぼう》の時代を経て、行(実践)もない仏の法が廃れる末法の時代がすぐに到来するという末法思想とともに深く浸透するようになった。その末法の時代が永承七年(一〇五二)に到来すると考えられて平等院が建立され、さらに浄土庭園が造られたのである。

藤原道長の子頼通《よりみち》は永承七年に宇治の別荘を改めて平等院となすと、翌年三月四日に池の中島に建てた阿弥陀堂(鳳凰堂《ほうおうどう》)に丈六《じょうろく》(一丈六尺)の阿弥陀像を安置したが、それは「弥陀如来の像を造り、極楽世界の儀を移す」とあるように、阿弥陀仏が救いの手を差し伸べるために西方浄土からやってくる風景であった。

当初は、堂の前の庭園は宇治川と一体となって広がり、人々は堂に籠って宇治川の彼方の朝日山に昇る朝陽を眺め、次いで没する夕陽を眺めて浄土を想っていたが、池の東に小御所《こごしょ》が建てられてからは、池の東岸から阿弥陀仏を朝夕拝し、阿弥陀仏の彼方にある西山に日が沈む風景が人々を浄土に誘う仕掛けとなった。

院政期になるとこの情景は鳥羽離宮《とばりきゅう》の庭園に継承され、奥州の藤原秀衡《ひでひら》が平泉《ひらいずみ》に造営した無《む》量光院《りょうこういん》へとつながってゆくが、無量光院の現況は往時の姿をよく伝えている。鳳凰堂に倣った御堂の前方に池が造られ、その東に設けられた小御所から西の方の御堂を仰ぐと、彼岸の時ともなれば、阿弥陀仏の背後に聳える聖なる金鶏山《きんけいさん》に太陽が沈む浄土の風景が展開するのである。

やがて新たな信仰の広がりにより浄土庭園も変化してゆくが、そこでも摂関時代の女房が記した自然観や人間観は脈々と受け継がれた。鎌倉の近くの金沢《かねさわ》にある称名寺《しょうみょうじ》の庭園は、当初は極楽浄土を求める浄土庭園として始まっており、律宗が入ってきて複合的な庭園の様相を示すようになったことが、鎌倉末期に作成された『称名寺結界絵図《しょうみょうじけっかいえず》』から知られる。

こうして継承された自然観は、鎌倉末期に成った兼好《けんこう》法師の『徒然草《つれづれぐさ》』一〇段の一文からわかる。

家居のつきづきしくあらまほしきこそ、仮の宿りとは思へど興あるものなれ。よき人の、のどやかに住みなしたる所はさし入りたる月の色もひときはしみじみと見ゆるぞかし。(中略)木立ものふりてわざとならぬ庭の草も心あるさまに、簀子《すのこ》・透垣のたよりをかしく、うちある調度も昔覚えてやすらかなるこそ、心にくしと見ゆれ。

兼好は浄土を希求する遁世者であったのだが、仮の宿りではあっても、家の様、庭はこうあってほしい、と語っており、その内容は『枕草子』そのままであった。実際、一九段の四季の変化の様を語る次の一文はそのことを示している。

夜寒《よさむ》になるほど雁《かり》鳴きてくる比《ころ》、萩の下葉色づくほど早稲田《わさだ》刈り干すなど、取り集めたる事は秋のみぞ多かる。また野分の朝《あした》こそをかしければ、言ひつづくればみな源氏物語・枕草子などにことふりにたれど、同じ事またいまさらに言はじとにもあらず。

浄土庭園になっても、またその後の様々な庭園においても、『枕草子』や『源氏物語』に描かれた風景は人々の自然観を規定してゆくことになった。

兵たちの風景

都で摂関政治が展開するなか、十一世紀になると地方では兵の活動が盛んになっていた。寛仁《かんにん》三年(一〇一九)、頼通が関白となったその年に、沿海州の女真人が入寇して対馬・壱岐《いき》を襲い博多まで来襲する事件がおきた(刀伊《とい》の入寇)。

大宰権帥藤原隆家《たかいえ》が大宰府の在庁官人や在地の武士を率いて退けたが、この事件で奮戦した武士の子孫が原田氏や菊池氏などとして九州に勢力を広げてゆくことになる。

藤原道長が亡くなったその半年後の長元元年(一〇二八)六月、関東で平忠常《ただつね》の乱がおきている。忠常は陸奥介《むつのすけ》忠頼《ただより》の子で上総の国司になった後、土着して勢力を広げ、下総や安房《あわ》を襲って房総半島を制圧する反乱をおこしたのである。

同族の平直方《なおかた》が追討使に任じられたものの、鎮撫できなかったため更迭され、甲斐守《かいのかみ》源頼信《よりのぶ》が代わって任じられると、忠常が頼信の家人《けにん》であったことから降伏し、乱は鎮まった。頼信は源満仲の子で、『今昔物語集』によれば、「兵の道に聊《いささ》かも愚かなる事」がない「兵」であって、常陸の受領だった時に「館の者ども、国の兵ども」を率いて上総の平忠常を攻めた結果、忠常が名簿《みょうぶ》を捧げ、主従関係が成立していたという。

頼信が乱を鎮圧するとこれを契機に源氏の関東への勢力拡大がはかられ、子の頼義《よりよし》が相模守となって赴任した時には、武勇を好んで民が帰服し、逢坂以東の「弓馬の士」は大半が頼義の「門客」となったという。忠常の子孫も上総氏や千葉氏などとして房総半島に勢力を広げ、直方の子孫は北条氏などとして伊豆や南関東に勢力を広げた。頼義はこの直方の娘との間に三男二女を儲け、その嫡子の義家《よしいえ》は直方から鎌倉の地を譲られ、ここが後の幕府の本拠となったのである。

こうして広範囲な武士の主従関係が形成されるなか、兵たちが「兵の威」や「兵の心」を磨き、神を畏れ名誉を重んじる行動や心性に基づく「兵の道」が生まれ、忠常のように主人に身命を託すことも行われた。

そうした彼らにも仏の教えが入ってきた。『今昔物語集』巻十九には、源満仲が年とってから摂津国豊島郡の多田に家を造って籠居していたところ、子のなかで一人だけ僧になしていた源賢《げんけん》から殺生の罪を歎かれ、説得され出家を遂げたという話が載る。源賢は源信の弟子である。また、奥州合戦など生涯にわたって殺生を重ねてきたにもかかわらず、頼義は往生を願って堂に入って涙を流すなか、首尾よく往生を迎えたという(『古事談《こじだん》』)。

以上、古代社会のなかから中世社会へとつながる動きがどう現れてきたのかを見たところで、次の第二章ではその中世社会がどんな形で展開したのかを見てゆこう。

第二章　地域権力と家の形成

1 院政の始まり

前九年の合戦

中世社会の端緒となったのは、永承《えいしょう》六年(一〇五一)、奥州の豪族安倍氏に朝廷への貢租の未納があったとして、陸奥守《むつのかみ》藤原登任《なりとう》が秋田城介《あきたじょうのすけ》の平繁成《しげなり》の支援を得て数千の軍兵による懲罰に向かい、戦いをおこした事件である。

朝廷はこの戦いに敗れた登任に代え、源氏の武士・源頼義《よりよし》を陸奥守となして事態の収拾を図った。そこで頼義は陸奥に赴任すると、天喜《てんぎ》元年(一〇五三)に鎮守府将軍も兼ねて安倍頼時《よりとき》を従えさせたのだが、その任の終わる天喜四年(一〇五六)二月、鎮守府の胆沢城《いさわじょう》に赴きそこから国府に戻ってくる途中で、配下の藤原光貞《みつさだ》・元定《もとさだ》が夜討ちにあい人馬に損害が出たという報告が入った。

これが安倍頼時の子貞任《さだとう》の所行であると告げられ、怒った頼義は貞任を懲罰しようとして合戦を始めたものの、黄海《きのみ》の合戦で大敗北を喫してしまう。頼義の陸奥守の任期は康平《こうへい》五年(一〇六二)春に切れ、代わった高階経重《たかしなのつねしげ》も経営に失敗し、再び頼義が陸奥守に任じられた。

頼義は康平五年に出羽の仙北三郡の豪族清原光頼《みつより》に来援を要請し、七月に弟武則《たけのり》が派遣されたことから頼義方の兵力は約一万に膨れ上がり、形勢は一気に有利となった。小松柵《こまつのさく》での戦いからは優勢が続き、衣川柵《ころもがわのさく》や安倍氏の本拠である鳥海柵《とのみのさく》を落とし、同年九月十七日に安倍氏最後の拠点である厨川柵《くりやがわのさく》を陥落させた(『陸奥話記《むつわき》』)。

この前九年の合戦を中世の端緒と考えるのは、一つに安倍氏による陸奥の奥六郡の「管領《かんれい》の司《つかさ》」の支配が、後の武家政権へと繋がっているからである。頼義を支援した清原氏も出羽の仙北三郡の司であって、この「司」とは諸国の郡司とは違い、辺境の地の支配のために威勢のある豪族に管領権を与えたものである。その後、この奥六郡の「管領の司」を継承したのが平泉の藤原氏に他ならず、さらにそれは源頼朝《よりとも》に継承された。

頼朝は「予は東海道惣官《そうかん》なり」と語っているが(『吾妻鏡《あずまかがみ》』)、この東海道惣官とは寿永《じゅえい》二年(一一八三)十月の宣旨《せんじ》によって東国一帯の支配権を朝廷から獲得したことから称したもので、治承《じしょう》五年(一一八一)正月十六日に平氏が置いた畿内近国の惣官を踏まえての表現である。すなわち国司とは違う軍事指揮官としての惣官の存在は、安倍氏の奥六郡の「司」にまで遡り、安倍氏や清原氏はその地の惣官であったことになろう。

もう一つは、安倍氏方にあった藤原経清《つねきよ》が白符《はくふ》を用いて官物《かんもつ》の徴収にあたったことで、これも武家政権に繋がっている。経清は奥六郡から出て諸郡に使いを出し、官物を徴収したが、その際に「白符」を用い、「赤符《せきふ》」は用いるなと命じたという。白符とは、朱印の捺《お》された国符《こくふ》の赤符に対し、印が捺されていない文書である。経清に権限を否定された頼義は経清に強い憎しみを抱いて、厨川柵で捕らえた時は苦痛を長引かせるため錆《さ》びた刀で鋸引《のこび》きし、「汝は先祖相伝の家僕であったのに、朝威や旧主を蔑《ないが》しろにするとは大逆・無道である。今日も白符を用いるのか否や」と責めたてたという。

安倍氏はそれまでとは違った独自の支配を行ったのであり、この白符の発展形が花押《かおう》の捺された下文《くだしぶみ》であって、その下文を源頼朝は幕府形成に際して用いて支配を広げているので、鎌倉幕府の支配の原型はここに生まれていたといってよいであろう。

後三条天皇の親政

東北地方で戦乱が始まる頃、中央政府でも新たな動きが始まっていた。その主役となったのが後朱雀《ごすざく》天皇の第二皇子尊仁《たかひと》親王（後三条《ごさんじょう》天皇）である。藤原道長《みちなが》・頼通《よりみち》の長期にわたる摂関政治のなかで育った尊仁親王は、卑しいと考えられていた鯖《さば》の頭に胡椒《こしょう》をぬって炙《あぶ》り食べていたといわれるように、それまでの親王とは違っていた。

しかし兄の親仁《ちかひと》親王（後冷泉《ごれいぜい》天皇）とは違い、生母が藤原氏の出身でない陽明門院《ようめいもんいん》（禎子内親王、道長の外孫）だったことから、父からは皇太弟にと考えられていても、頼通に抑えられていた。それでも頼通の異母弟の藤原能信《よしのぶ》の後援があり、父の遺言によって皇太弟となったが（『今鏡《いまかがみ》』）、それでも頼通は歴代の東宮が伝領する「壺切《つぼきり》の御剣」を「藤氏腹の東宮の宝物」という理由で献上しなかったという（『江談抄《ごうだんしょう》』）。

そうしたなか、治暦《じりゃく》四年（一〇六八）に死去した後冷泉天皇に皇子が生まれなかったことから、即位した後三条天皇は、その東宮時代を援助していた能信の養子藤原能長《よしなが》や、村上源氏の源師《もろ》房《ふさ》・源経長《つねなが》、東宮学士の大江匡房《まさふさ》や藤原実政《さねまさ》などの文人貴族を登用して親政を行った。

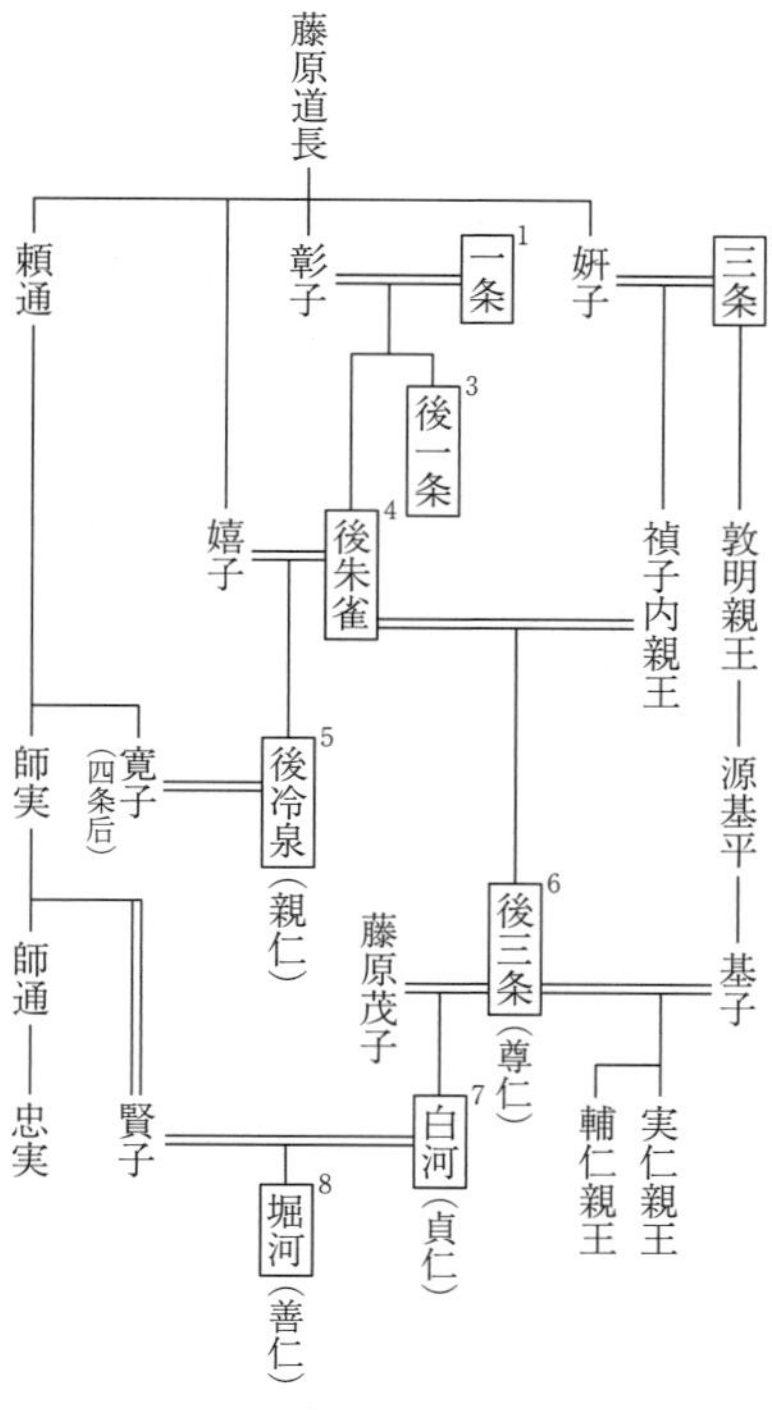

図 2-1　天皇家・摂関家の関係図

不遇な時期を過ごした天皇により新たな政治は進められたのであって、延久《えんきゅう》元年（一〇六九）二月に延久の荘園整理令を発布し、延久四年（一〇七二）には宣旨枡《せんじます》や估価法《こかほう》を制定するなど、画期的な政策を推進した。

なかでも延久の荘園整

理令は、諸国で荘園が増え、国庫の財政を圧迫していることから、これまでは諸国が荘園整理の審査をしてきたのを改め、大内裏の朝所《あいたんどころ》に審査機関として記録荘園券契所《きろくしょうえんけんけいじょ》(記録所)を設け、国司と荘園領主双方から書類を提出させ、その審査結果を国司に対して太政官符《だいじょうかんぷ》で、荘園領主には太政官牒《だいじょうかんちょう》で伝えた。

摂関家領にまで審査を及ぼそうとしたその方針は大きな影響力をあたえ、厳密にして公正な審査によって多くの荘園が停廃された。たとえば石清水八幡宮寺領では二十一か所の荘園が認められ十三か所が停止されている。しかしこのことを裏返せば太政官符によって荘園が認められたことを意味しており、その荘園は安定した支配が可能となったから、荘園制はむしろ定着するところとなった。

国司(受領《ずりょう》)も、荘園以外の地を公領としてしっかり把握する体制の構築へと向かった。国内の土地調査(検田《けんでん》)を行い、その帳簿として大田文《おおたぶみ》を作成したが、これは中央政府から課される臨時雑役《ぞうやく》や一国平均役《いっこくへいきんやく》の賦課の台帳とされ、長く国内支配の帳簿として機能してゆくことになった。こうして荘園と公領が共存して中央政府を支える体制である荘園公領制が生まれたが、それは院宮王臣家や寺社の荘園支配と受領の公領支配とを融合・習合させた体制である。

『古事談』は、この一連の改革を「延久の善政」と称え、宣旨枡の制定に関して、「延久の善政には、先《ま》づ器物を作られけり」と、後三条天皇が公定の枡を作らせた話を載せる。寸法を測って、穀倉院から米をとり寄せ殿上の小庭で枡に入れさせ、それが紙屋紙に包まれてもたらされると、これに封を加え護持僧《ごじそう》に褒美として遣わしたという。

後三条天皇の性格は好悪の感情が激しく、犬を憎んで内裏にいる犬を取り捨てるように蔵人《くろうど》に命じたところ、これによって天皇が犬を憎んでいるという噂が立ち、京や諸国でも犬を殺す動きが始まったため、驚いて犬を殺さないように命じたという。好悪の感情の激しさを表面に出したこの天皇によって新たな時代は切り開かれたのである。

摂関家出身の慈円《じえん》が著した歴史書『愚管抄《ぐかんしょう》』は、後三条天皇の摂関への対応を批判的に記してはいるものの、それ以外については事柄の将来を見極めてしかるべき処置をとっていたと高く評価している。

院政への動き　後三条天皇が位を去って新たな動きに出たことについて、『愚管抄』は太上天皇として院政を行うことを考えるようになったものとして、次のように記している。

後三条院、世ノスヱニヒトヱニ、臣下ノママニテ、摂籙臣世ヲトリテ、内ハ幽玄ノサカイニテヲハシマサン事、末代ニ人ノ心ハヲダシカラズ、脱シノノチ、太上天皇トテ、政ヲセヌナラヒハ、アシキコトナリトヲボシメシテ、天皇が末の世に「幽玄」の場にあったままにいてよいわけがないということから、譲位の後に政治を行おうとしたという。実際、即位後四年で第一皇子貞仁《さだひと》親王（白河天皇）に譲位すると、後三条は最愛の后との間に生まれた実仁《さねひと》親王を次の皇位に即けるべく皇太弟とした。院政を目指したかどうかは、翌年に病に倒れ四十歳で亡くなってしまったので明らかでないが、我が皇統に皇位の継承を考えていたことは疑いない。

後三条が亡くなった時、宇治にいた藤原頼通は「末代の賢王なり、本朝の運拙《つたな》きによりて早く以て崩御するなり」と嘆息したといい（『古事談』）、摂関も時代の大きな変化を「世ノスヱノ大ナルカハリメ」（『愚管抄』）と認めざるをえなかったのである。

後三条の跡を継いだ白河天皇は、国家再建という父の意思を受け継いで、国政を整えることに意を注ぎ、国王の権威を示すべく京の東、白河の地を摂関家から得て法勝寺《ほっしょうじ》を「国王の氏寺」として創建している。承保《じょうほう》二年（一〇七五）に発願《ほつがん》され、播磨守高階為家《はりまのかみたかしなのためいえ》の受領功で造営経費が賄われ、同四年に落慶供養が行われたが、その八角八重の塔は従来にない規模と形状をもち、王権を象徴するモニュメントとなった。

かつて後三条天皇が御願寺《ごがんじ》として円宗寺《えんしゅうじ》を創建したことにならってのもので、法勝寺に続いて尊勝寺《そんしょうじ》（堀河天皇）、最勝寺《さいしょうじ》（鳥羽天皇）など六つの「勝」と名のつく寺（六勝寺）が創建され、布施が広く僧に与えられ、国王は仏教界に君臨した。後三条天皇は即位に際し高御座《たかみくら》に臨み、密教の秘印（大日如来の智拳印《ちけんいん》）を結んで真言を唱える即位灌頂《かんじょう》を初めて行い仏法による護持を期待したというが、白河天皇はそれを一歩先に進めたのである。

白河天皇が法勝寺で一切経の供養を行おうとしたところ、雨が甚《はなは》だ降って延期になったことが三度もあって、次の供養の日にもまた雨が降ったので激怒し、雨を器に入れ獄舎に置いたという話を『古事談』は伝えている。

その白河天皇も父と同じく、我が最愛の后である賢子との間に生まれた皇子に位を譲ろうと考えていた。第一子は亡くなって、続いて皇子が生まれたのもつかのま、賢子が産後の病により亡くなった。すると側近たちが死の穢れに触れると止めるのも聞かず、その骸を抱いていたという。タブーを恐れないその行動は、生まれた皇子に位を譲ることへと向かった。

弟の実仁親王が亡くなると、皇位継承の候補には異母弟の三宮輔仁《すけひと》親王がいたにもかかわらず、応徳《おうとく》三年（一〇八六）に我が皇子を東宮になし、子孫のライバルとなる輔仁親王を警戒しつつ、すぐに譲位して幼い堀河天皇を立てた。

これが院政の起点となった。それは天皇が退位して家長権を掌握してゆくなかで成立した政治形態であって、そのもとで天皇家の財産として荘園や公領が集積され、継承されてゆくことになった。

白河院に見守られて成長した堀河天皇は、「御心ばへあてにやさしくおはしましけり」と評され、笛に堪能なことから朝夕に御遊《ぎょゆう》を行い、「和歌を類なく好かせ給」と評されたように、時の歌詠み十四人に百首の歌を詠ませる百首歌の初の試みである『堀河百首』を編むなど、文化面に優れた才能を発揮した(『今鏡』)。

白河院政の展開

そのいっぽうで父の政治介入を嫌い、摂関の藤原師通《もろみち》とはかって政治を推進したので、院政とはいっても制限されたものであった。しかし嘉承《かしょう》二年(一一〇七)にその天皇が若くして亡くなってしまう。この死に至るまでの様子は天皇に仕えた女房の讃岐典侍《さぬきのすけ》の日記が詳しく記している。堀河天皇の死により白河院は再び天皇となる「重祚《ちょうそ》」を考えたものの、娘の郁芳門院《いくほうもんいん》が亡くなった時に出家して法皇になっていたため、孫にあたる幼い皇子を位につけ(鳥羽天皇)、政治の実権を握った。『愚管抄』は次のように記している。

ホリカハノ院ウセ給テケル時ハ、重祚ノ御心ザシモアリヌベカリケルヲ、御出家ノ後ニテ有リケレバ、鳥羽院ヲツケマイラセテ、陣ノ内ニ仙洞《せんとう》ヲシメテ世ヲバヲコナハセ給ニケリ。

白河院は孫の皇子を天皇にたてると、政治決定の場となる陣を源光信《みつのぶ》や為義《ためよし》、藤原康清《やすきよ》らの武士に警護にあたらせ、院政を本格化させていったのである。その際、有能な文人官僚や中級貴族を登用した。なかでも大江匡房は「高才明敏、文章博覧、当世無比」と称され、学者の家にもかかわらず中納言にまで昇進している。匡房のみならず源俊明《としあき》や藤原為房《ためふさ》、源通俊《みちとし》、源雅《まさ》兼《かね》などの実務に秀でた貴族層を院近臣として組織し、政治を推進した。

ある時、院が「吾れは文王なり」と自讃したので、これを聞いた人々が訝《いぶか》しげな顔をしていると、それに続けて、稽古の大才を必ずしも文王とは言わない、匡房を取り立てたのは、文道を尊んでのものであり、文道を尊ぶのを文王と言うのだと、語ったという(『古事談』)。

白河院は人事権を握って乳母夫《めのと》や近習《きんじゅ》などの幼い頃から仕えていた中・下級貴族たちを裕福な受領に任じて経済的に奉仕させ、また、院の所領である院領の経営を行う院庁《いんのちょう》を設けてその職員となし、院領を与えて経営を行わせるなど専制の手足とした。院庁は国王家の家政機関であり、院の命令は院宣《いんぜん》、院庁からの指示は院庁下文《いんのちょうくだしぶみ》という文書により出された。

摂関時代には摂関が主導していた陣定《じんのさだめ》の会議が政治の意思決定の場とされていたが、院政では、院の御所で開かれる議定《ぎじょう》が国家の大事を決定する場とされ、国家の大事が起きると、院が蔵人頭《くろうどのとう》に指示を出して摂関の意思を聞き、議定を開いて公卿の意見も聞いて決定を下した。その議定には公卿すべては出席せず、院が権門《けんもん》のなかから選んだ上級貴族と、院の意思に沿って動く院近臣とから構成された。なお、通常の政務は蔵人頭や弁官《べんかん》などの実務官人が院の指示を受け、摂関の内覧《ないらん》を経ることにより進められた。

こうした院政が展開していったのは、荘園や公領を基盤とする権門や寺社、地方の武士の動きが活発化する分権化の深まりとともに、南都北嶺《なんとほくれい》(奈良興福寺と比叡山延暦寺)の大衆《だいしゅ》たちの動きが盛んになり、朝廷への強訴《ごうそ》や大衆間の紛争が引きおこされるなどの情勢にあって、それらとは超越する王権が求められたからである。

康和《こうわ》元年(一〇九九)に仁和寺《にんなじ》に入っていた皇子の覚行《かくぎょう》を法親王《ほっしんのう》となし、白河天皇自らが出家して法皇となったのは、院による仏教界掌握の意図によるものであった。石清水・春日詣など神社への参詣を頻繁に行ったのは、自らの権力の根源を神仏に求めたからであって、保安《ほうあん》四年(一一二三)七月に白河院が石清水八幡に捧げた告文《こうもん》には、「王法は如来の付属により、国王興隆す」と記されており、仏法によって授けられた王権、王権仏授説を唱えている。

寛治四年(一〇九〇)に始まる度重なる熊野御幸には政治的な意味もあった。白河院が保安元年(一一二〇)に藤原忠実《ただざね》の内覧の任を解くにあたっては、その直前に熊野に赴いている。

2　白河院政と家

院政の特徴

院政の特徴の一つとして専制的な性格があげられるが、それを物語る例として引かれるのが、『源平盛衰記《げんぺいじょうすいき》』に載る、白河院が我が意のままにならないものとして、双六《すごろく》の賽《さい》の目と鴨川の水、山僧(延暦寺僧)の三つをあげたという話である。双六の賽の目とは社会風俗、鴨川の水とは治水、山僧とは大衆の強訴のことで、専制権力を振るってこれらについても対応しようとしたというものだが、話自体はそれがうまくはゆかなかったというのであるから、限界をも言い当てた話となっている。

そのうちの山僧であるが、各地の荘園を獲得して勢力を広げた南都北嶺の大衆が強訴するようになっていた。その走りが寛治《かんじ》七年(一〇九三)に南都の衆徒《しゅと》が春日社の神木を奉じて入京して院近臣の近江守高階為家を訴えたことであり、これ以後、強訴は頻発するようになった。

このような情勢に、白河院は武力を支えとして中央や地方で力をつけてきた武士らを院北面に伺候させ、院殿上人に登用し、その武力によって対抗勢力を抑えつけた。源氏の「武士の長者」である源義家《よしいえ》や弟義綱《よしつな》には行幸の際の行列を警護させ、伊勢武士の平正盛《まさもり》を登用して各地の受領に任じ、西国の海賊の追捕《ついぶ》を命じた。永久《えいきゅう》元年(一一一三)四月には、興福寺・延暦寺の衆徒入洛を阻止するため、丹後守平正盛、出羽守源光国《みつくに》、検非違使《けびいし》の藤原盛重《もりしげ》などの「天下武者の源氏平氏の輩」を派遣している（『中右記《ちゅうゆうき》』）。

行政の面でも大きな変化がおきていた。諸国の行政は受領である国守とその代官（目代《もくだい》）が運営にあたり、中央の官庁では長官とその代官（年預《ねんよ》）が運営にあたるようになり、さらに院が上皇の立場から政治の実権を握ったように、子弟や家司《けいし》を国・官司の長官に任じる知行国《ちぎょうこく》制や官《かん》司《し》知行《ちぎょう》制の現象が広がり、それとともに特定の氏の家がその官司を実質的に経営するようになった。

子弟をいくつもの国の守に任じ、諸国を知行して経済的に院に奉仕する院近臣が現れるようになり、摂関も家司を国守となして知行国をもち、院自身も院司《いんし》や近臣を国守となし知行国を院分国《いんぶんこく》としてもつようになった。

天仁《てんにん》二年（一一〇九）の白河院側近の知行国を見ると、院庁を構成する院司のうちの院別当《いんのべっとう》では、中納言の源雅俊《まさとし》が若狭《わかさ》と武蔵《むさし》、藤原宗通《むねみち》が備中《びっちゅう》と美濃《みの》、源国信《くにのぶ》が備中、参議の藤原顕季《あきすえ》が越後《えちご》、播磨《はりま》、丹波《たんば》を知行しており、四位の別当では、藤原為房が因幡《いなば》、藤原基隆《もとたか》が伊予と三河、藤原通季《みちすえ》が美作《みまさか》、藤原家光《いえみつ》が伯耆《ほうき》を知行し、判官代《ほうがんだい》では高階宗章《たかしなのむねあき》が越中、主典代《しゅてんだい》では中原宗政《むねまさ》が伊豆《いず》を知行している。さらに院北面では平正盛が但馬《たじま》、高階時章《ときあき》が能登《のと》、院近習《いんのきんじゅ》では平為俊《ためとし》が駿河《するが》、藤原師季《もろすえ》が甲斐《かい》を知行するなど、主要な国々は院の関係者の知行国となっている。

この趨勢の行き着く先が、右大臣の藤原宗忠《むねただ》が白河院の亡くなった時にその事績としてあげた「三十余国定任の事」という『中右記』の記事であって、日本全国の半分の国々が院により配分されるようになっていたという。そこでは我が身を始めとして子弟の三、四人を受領となした例もあげているが、院近臣の藤原顕季の子長実《ながざね》は保安元年(一一二〇)から大宰大弐《だざいのだいに》として九州を知行するかたわら、伯耆・丹後・因幡・備中の四か国を知行していた。

受領の地方支配

受領や知行国主は諸国を経営するために目代を派遣したが、目代は任国に赴いて国衙に留守所《るすどころ》を設け、国衙の役人である在庁官人を指揮して国務の遂行にあたった。受領になるためには院の御所や御願寺などの費用を負担することを約束する受領功が求められたから、目代の人事はことに重視された。

文筆能力のある人物を起用する必要から、外記《げき》や史《し》などの太政官の事務経験者があてられたが、国内では武士が台頭していたので、彼らを統御できる武勇の目代も求められた。

国司からは「庁宣す」と始まる国司庁宣が出され、その奥上に国司が署名し、時に知行国主が袖に花押を捺すと、これを受けて留守所から在庁官人にその命令の実行が伝えられた。院庁からも在庁官人に宛てた院庁下文が出され、また院の近臣から院の命令を伝える院宣が国司や知行国主宛てに出され、院も諸国の国務にしばしば関わった。

こうしたことから受領が任国に下る必要はなくなり、任初に国内の神社への参拝（神拝）を行って国内支配の遂行を祈ったり、任の終わりに感謝したりするためにだけ下ることになった。国内の有力な神社を一宮・二宮以下の格式を与えて組織し、国内諸社の神を国府近くの神社に勧請《かんじょう》して惣社として祀り、これらを参拝して京に帰っていった。それとともに律令国家によって保護されてきた式内社《しきないしゃ》や国分寺《こくぶんじ》・国分尼寺《こくぶんにじ》は衰退してゆく。

受領が下らなくなったことから、在庁官人は国衙の機構を利用して郡や郷《ごう》・保《ほ》・名《みょう》などに所領をもち、勢力を国府近傍に広げた。国司の二等官である介《すけ》を名乗りとした三浦介や北条介など地名に「介」をつけた苗字、国衙に設けられた田所《たどころ》などの「所」という機関に由来する苗字、秩父別当や市川別当など地名に「別当」をつけた苗字を名乗る武士たちが、国衙に権益を有し勢力を広げていった。

国府からやや遠くに所領を有した武士は、畠山庄司や下河辺庄司のように地名に「庄司」をつけ苗字とする武士が多く、中央の権門と直接に結びついていた。また常陸《ひたち》の佐竹氏が常陸の奥十二郡を領有し、甲斐の武田氏が甲斐国内に支配を広げたように、京下りの貴種として勢力を広げた武士も多かった。

受領が地方に下っていた時には、受領が地方の文化の中心にあった。たとえば延久四年(一〇七二)に能登守藤原通宗《みちむね》は任国での歌合《うたあわせ》を『気多宮歌合《けたぐううたあわせ》』として編んでおり、『後拾遺往生伝《ごしゅういおうじょうでん》』には嘉保《かほう》三年(一〇九六)に安房守として任国に下った源親元《ちかもと》が、寺を建立して阿弥陀仏を安置し、国内の人々に念仏を勧めたとある。説話集『古今著聞集《ここんちょもんじゅう》』には、歌人の能因《のういん》法師が伊予守藤原実綱《さねつな》の供をして下って、伊予一宮の大三島社に旱魃《かんばつ》に対する雨乞いの歌をささげたところ、雨が降ったという話など、受領が地方に下った話が多く見える。

それらは康和四年(一一〇二)より前の話であって、これ以後になると任国に下った受領の話は見えなくなる。九州を知行する大宰府の長官になった大江匡房は、嘉保二年(一〇九五)、承徳二年(一〇九八)の二回下って多くの富を得たが、そのうち「道理」によって得た富を舟一艘に積み、「非道」によって得た富も一艘に積んで別々に都に運ばせたところ、道理の船のみが海に沈没したことから、匡房は「世ははやく末になりたり」と実感したという話が『古今著聞集』に見え、三回目の嘉承元年(一一〇六)の任では匡房はついに赴かなくなった。

院の文化戦略

中央の文化は院を中心に展開していた。白河院は京の南の鳥羽《とば》に広大な地を占め離宮として鳥羽殿《とばどの》を造営し、ここを国王の文化空間となすとともに、武士たちを集めて流鏑馬《やぶさめ》などの武芸を演じさせた(図2-2)。

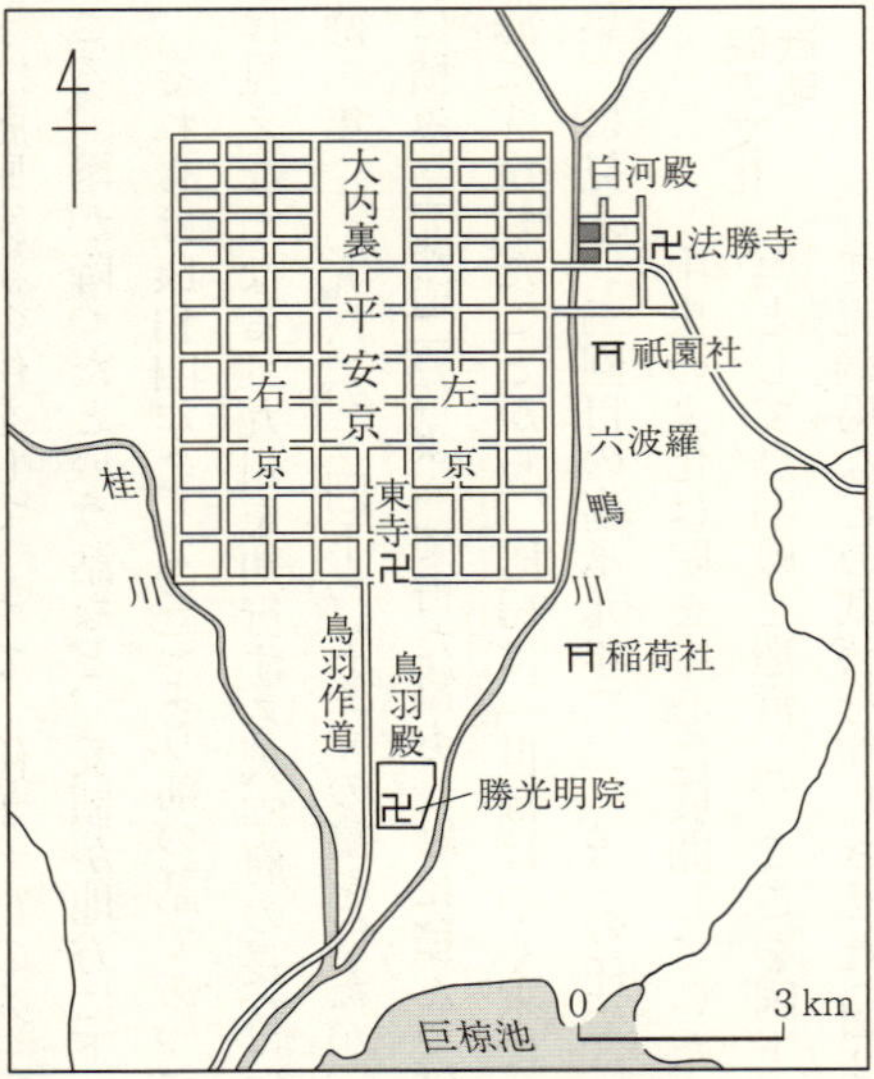

図 2-2　白河殿と鳥羽殿

鳥羽殿の御所の造営は讃岐守高階泰《やす》仲《なか》が受領功で行い、池は五畿七道六十余州の課役で造られ、南殿に続いて北殿、馬場殿・泉殿も造られ、南殿に付属して証金剛院《しょうこんごういん》が康和三年（一一〇一）に建立されると、ここに一切経が納められた。

その供養願文には「帝都の南、一の仙洞、林池幽深、風流勝絶、その中に新たに道場を建て、証金剛院と号す。丈六《じょうろく》弥陀仏を安んず」とあり、丈六（一丈六尺）の阿弥陀仏が安置され、池を背景にしていて、平等院にならったものとわかる。

離宮の境域は、鳥羽院が鳥羽東殿に建立した安楽寿院の四至《しいし》の記事によれば、東と南が鴨川で、西は鳥羽作道《とばのつくりみち》を南に延長した西大路、北は北大路で、院に仕える「近習の卿相・侍臣・地《じ》下《げ》の雑人等」の家地が離宮の西や北に広がっており、院に奉仕する侍や庭掃《にわはき》・召次《めしつぎ》・車借《しゃしゃく》・下人なども組織されていた。

法勝寺の八重塔は国王の権威を垂直的に示していたが、広大な鳥羽離宮は水平的に示すものであって、東国から上洛した人々は粟田口《あわたぐち》から京に入ると、法勝寺の塔を見上げて院の権勢を実感し、西国から上洛した人々は淀川《よどがわ》を遡って鳥羽離宮の広大な様子を見渡して、その富と権勢を実感したことであろう。

白河院はいっぽうで古典文化の復興を企て、近臣の源通俊に命じて勅撰集『後拾遺和歌集《ごしゅういわかしゅう》』を、源俊頼《としより》に命じて『金葉和歌集《きんようわかしゅう》』を編ませたのを始め、公事や行事を整備していったので、これを契機に廷臣たちも様々な書物を著している。大江匡房は故実書『江家次第《ごうけしだい》』、往生伝『続本朝往生伝《ぞくほんちょうおうじょうでん》』、説話集『江談抄』などを編み、藤原為房は故実書『撰集秘記《せんしゅうひき》』『貫首抄《かんじゅしょう》』を著している。これと前後して延暦寺の僧の手になる説話集『今昔物語集』が、三井寺《みいでら》の僧の手になる仏教史書『扶桑略記《ふそうりゃっき》』も著された。

匡房はほかに『傀儡子記《かいらいしき》』『遊女記《ゆうじょき》』『洛陽田楽記《らくようでんがくき》』などの芸能に関わる書を著しているが、その遊女らの謡った今様《いまよう》が廷臣や遊女との交流から都に広がっていた。東国の傀儡子は美濃の墨俣《すのまた》や青墓《あおはか》を、西国の遊女は摂津《せっつ》の神崎《かんざき》・江口《えぐち》を根拠地とし、宿や津などの交通の要衝を往来する人々を相手に今様を謡っていた。『遊女記』によれば、淀川から河内国《かわちのくに》へと南下する人々は江口の遊女を、西国から上る人は神崎の遊女を愛でていたという。

今様は白河院の時代に広く流行するようになり、後白河院が編んだ『梁塵秘抄口伝集《りょうじんひしょうくでんしゅう》』は、白河院の近臣の監物《けんもつ》源清経や土佐守藤原盛実《もりざね》、修理大夫藤原顕季らが遊女らと交流していたことや、顕季が桂川に沿う樋爪の地に墨俣や青墓の傀儡子を集めて様々な歌を謡わせた話を特筆している。歌人西行《さいぎょう》の母は源清経の娘であり、西行の歌には今様の影響がある。

今様と並んで広まった芸能が田楽《でんがく》であって、永長《えいちょう》元年(一〇九六)に大流行した。内裏や院御所、女院御所に廷臣たちが挙《こぞ》って押し掛け演じたことを『洛陽田楽記』が記しているが、このような芸能の隆盛に目をつけた白河院は、祇園御霊会《ぎおんごりょうえ》の興行に力を入れ、殿上人や受領に命じて馬長《うまおさ》や田楽法師・田植女などを調進させたことから、その行列は院の御所や鳥羽殿にまで招き入れられることもあった。祇園祭は国王家の祭礼の様相を示すようになった。

貴族の家の広がり

院政が我が皇統に皇位を継承させようとした動機から始まったことからも知られるように、家の形成は子孫にその地位の継承をはかるようになって始まったのであり、藤原道長の流れを引く御堂流《みどうりゅう》の藤原氏も家の形成に動いた。

嘉承二年(一一〇七)の鳥羽天皇の践祚《せんそ》に際し、御堂流の師通の子忠実は天皇の外戚でなかったため、摂政になれないことを恐れていたところ、白河院からの指名があり摂政になったので、ここに娘を天皇の后に据えることなく摂関となる摂関家の形成の道が開かれた。

忠実は分散していた荘園を集めて子孫に伝えるようにはかり、摂関家政所《まんどころ》を家政機構として整備し、摂関家政所下文《くだしぶみ》や摂関家御教書《みぎょうしょ》などの文書形式を整えた。摂関家の年中行事の費用をどう賄うかを定めた『執政所抄《しっせいしょしょう》』が作成され、摂関を中心とした故実や逸話を忠実が語った『富家語《ふけご》』『中外抄《ちゅうがいしょう》』が著された。

こうして国王の家に始まって摂関家へと続いた家の形成に応じ、上流貴族の間にも家形成の動きが広がっていった。村上天皇の孫で具平《ともひら》親王の子の源師房は後三条天皇の時に大臣に昇進すると、その流れは村上源氏として白河院を支える家を形成し、後三条天皇が世に出るにあたって大きな役割を果たした藤原能信の閑院流《かんいんりゅう》も高い家格を誇る家を形成した。

道長の子頼宗《よりむね》の流れにあった中流貴族の藤原宗忠は、弁官や蔵人頭などとして院の政治を実務的に支え、院と摂関を結ぶ役割を果たした。右大臣にまで昇進し、中御門《なかみかど》に邸宅があったことから中御門と呼ばれる家の基礎を築いた。その日記『中右記』はこの時期の政治の動きを詳細に記している。

藤原為房の流れは勧修寺《かじゅうじ》を氏の寺として結集し、中流の名家の家を形成したが、こうした実務の家では実務や公事の記録を日記に記し先例や故実に備えたので「日記《にき》の家」と称された。

為房には『為房卿記《ためふさきょうき》』がある。

家の形成の動きは家格秩序の固定化を促し、上流貴族の閑院流や村上源氏などの清華家《せいがけ》、三位以上の公卿クラスの名家《めいか》、四位・五位の貴族クラスの諸大夫《しょだいぶ》層などの家格秩序が生まれ、朝廷はそうした家の集合体の性格を帯びるようになった。

下級官人の諸道においても家が形成された。太政官の外記《げき》では中原・清原氏の流れの家が形成され、外記の中原師遠《もろとお》は『師遠年中行事』を著し、その子師元《もろもと》は『師元年中行事』を著すなど、以後、中原氏は代々にわたって年中行事書を著して、朝廷の年中行事の遂行のために資した。摂関家にも仕えて摂関家の年中行事に関与し、摂関家の忠実の言談を記した『中外抄』は中原師元の手になるもので、摂関家の故実の形成にも関与していた。

太政官の史《し》では小槻《おづき》氏、算道では三善《みよし》氏、陰陽道《おんようどう》では安倍氏の流れの家が形成され、おのおのの独自の書物を著した。たとえば三善氏の家形成に大きな役割を果たした三善為康《ためやす》は、越中から都に出て三善為長《ためなが》の門下に入って算道や紀伝道を学び、やがて為長の養子となって新たに家を形成した。為康は朝廷や諸国、諸家が作成する文書や文章の文例を記した『朝野群載《ちょうやぐんさい》』を編み、大江匡房の『続本朝往生伝』を継承して『拾遺往生伝《しゅういおうじょうでん》』などの往生伝を著したが、この家は鎌倉時代には西園寺《さいおんじ》家の家司となって朝幕関係でも活躍することになる。

家の形成が広がるなか、出世が容易ではない下級官人たちはその文筆能力を生かして院や摂関家に仕え、国の目代などになって、それらの経営に関わった。後に鎌倉に下って幕府の形成に寄与した大江広元《ひろもと》は外記の、三善康信《やすのぶ》は史の経験者である。

家の集まり

寺院や神社でも、寺家《じけ》・院家《いんげ》や社家の形成へと向かった。有力寺院の境内に皇族や貴族の子弟が院家を形成し、出家した貴族の子弟を受け入れ、学僧を組織して持続的に継承されてゆくようになった。興福寺の大乗院《だいじょういん》や一乗院《いちじょういん》、醍醐寺《だいごじ》の三宝院、仁和寺の北院などでは、その経済的基盤として荘園が集積され、荘園や門流の相続をめぐって、師主《ししゅ》と弟子という僧の間の主従関係も生まれた。

延暦寺や仁和寺・醍醐寺などでは院の子弟の親王が長官となり、興福寺では摂関家の子弟が長官となって寺家が形成された。高野山や熊野山、春日社・賀茂社などは院の御幸を契機にして寺家や社家の厚い保護がなされるようになり、院から荘園などを寄進された。

東大寺では院の近臣の僧を別当に迎えていたが、別当の職を離れると寺物を私物として持ち去っていたため、経営が苦しくなっていたことから、白河院が永観《ようかん》を別当に起用したところ、永観は東大寺の再建にあたって、寺の財源が国家から与えられた封戸《ふこ》が中心であったのを荘園中心に切り替えて、東大寺に関係する文書を管理する体制を築き、寺誌として『東大寺要録』

を編むなど、中世東大寺の寺家の基盤を整えた。

また延暦寺や興福寺などは、大衆の勢力の拡大や荘園の集積を通じて地方の寺院や神社を末寺・末社に組み込むなど系列化を図り、勢力を伸ばしていった。その富の獲得をめざした寺社勢力の争いの場となったのが、日宋貿易の拠点の博多である。

十一世紀末に古代の迎賓館の鴻臚館《こうろかん》とは入海を隔てた博多浜が埋め立てられ、そこに街区が形成され中世都市博多となるが、ここでの富を求め争いが生まれた。長治《ちょうじ》元年(一一〇四)、大宰府の背後にある大山寺の別当になった石清水八幡宮の光清《こうせい》は、比叡山延暦寺の大衆が派遣した法薬《ほうやく》禅師らが、宋人の物を借り請けて商取引をしていると非難している(『三十五文集《さんじゅうごもんじゅう》』)。大宰府近くの日本三戒壇《かいだん》の一つである観世音寺は、東大寺の系列下に入って末寺となっていた。

別当の下で寺家の経営を担ったのが所司《しょし》であるが、そこにも家が形成された。東大寺政所の所司の任に長年あった覚仁《かくにん》は、妻帯して家を形成すると、荘園関係文書の管理責任者として荘園経営に携わったばかりか、朝廷への訴訟に関わって諸権門と争い「悪僧」と名指しされた。

このような動きとともに武士もまた家を形成していったのであって、そこでも院との関係が大きな意味をもっていた。白河院は国政を掌握する上で武士を院北面に組織し、検非違使や受領に登用して身辺を固めていったからであり、院と武士との間には主従関係が形成されることになった。院は地方で活躍する武士たちが十一世紀半ばから活発化したのを巧みに利用し、彼らを組織していったのだが、その大きな契機となったのが後三年の合戦である。

3　武士の家

後三年の合戦

東北地方では、永保《えいほう》三年(一〇八三)に安倍氏に代わって奥州で勢力を得た豪族清原真衡《さねひら》一族に内紛がおきた。これに源頼義の子陸奥守《むつのかみ》義家が介入し、真衡の義弟清衡《きよひら》を支援して家衡《いえひら》らと戦うことになった。

出羽の仙北三郡の司であった清原氏は、前九年の合戦時の清原光頼《みつより》から弟武則《たけのり》の系統へと移り、武則の子武貞《たけさだ》は、安倍頼時《よりとき》の娘で藤原経清《つねきよ》の妻を迎えて家衡を儲けるいっぽう、経清との間の子を養子としていた(清原清衡)。また武貞には前妻の子に真衡がおり、武貞の死後はその真衡が継いだものの男子が生まれず、海道小太郎の子を養子に迎え(成衡《なりひら》)、常陸にいた源頼義の娘を成衡の嫁とした。

その成衡の婚礼の際、出羽から清原一族の長老・吉彦秀武《きみこのひでたけ》(武則の娘婿)が祝いに訪れたところ、真衡が秀武を無視して長老の面目を潰された秀武が大いに怒り、二人の争いが始まった。

真衡が秀武を討つ軍を起こすと、秀武は家衡・清衡に援軍を依頼して兵を進め、白鳥村を焼き払い真衡の館へと迫った。しかし真衡が軍を返したので、家衡・清衡は決戦を避けて本拠地へと退いた。

同年秋、源義家が陸奥守として陸奥国に入ると、真衡は義家を三日間にわたって国府で歓待し、その後、出羽へと出撃した。家衡・清衡は真衡の不在を好機と見て、真衡の本拠地を攻撃したのだが、義家が真衡に加勢したため清衡・家衡は大敗を喫し、義家に降伏した。

だが出羽に向かった真衡が行軍の途中で急死したため、義家は真衡の所領の奥六郡を三郡ずつ清衡と家衡に分けたところ、家衡がこの裁定に不満を示し、応徳《おうとく》三年（一〇八六）に清衡の館を攻撃し清衡の妻子一族を殺害した。生き延びた清衡は義家の助力を得て家衡に対抗し、沼柵《ぬまのさく》に籠もった家衡を攻撃した。しかし十分な戦の用意が無く敗れてしまう。

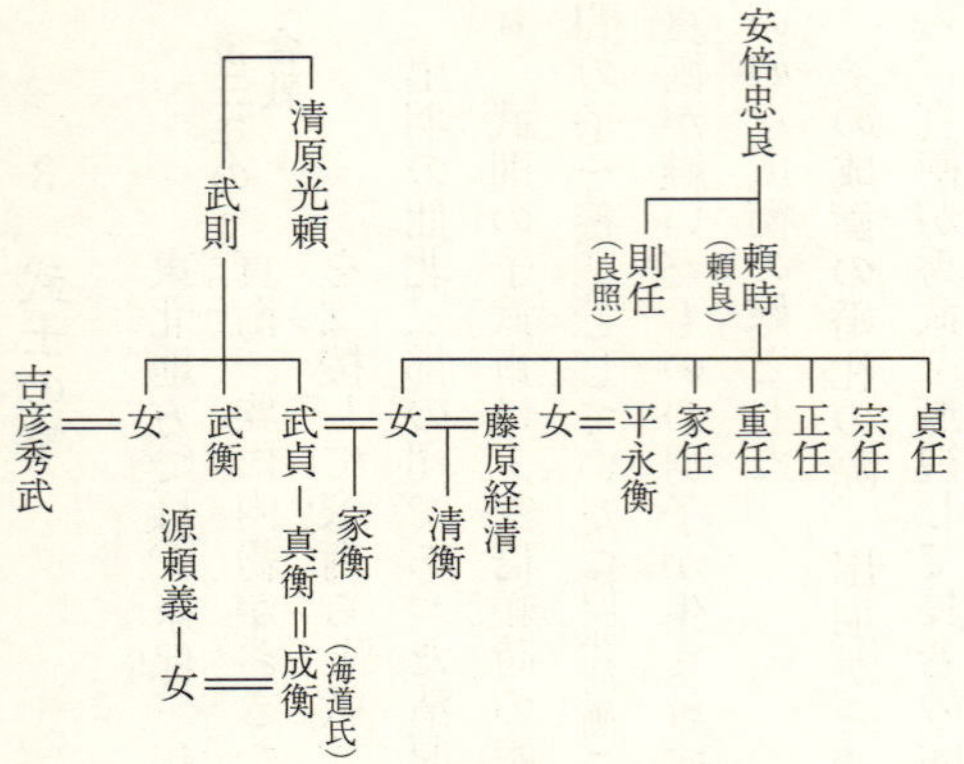

図2-3　安倍氏と清原氏の関係図

武貞の弟清原武衡《たけひら》は家衡勝利の報を聞いて家衡のもとに駆けつけ、義家に勝利したのは武門の誉れと喜び、難攻不落といわれる金沢柵《かねざわのさく》に移ることを勧めた。こうして寛治《かんじ》元年(一〇八七)、義家・清衡軍は金沢柵を攻め、兵糧攻めを実行したところ、糧食が尽きた家衡・武衡軍は金沢柵に火を付けて敗走(図2-4)。武衡は蛭藻沼《ひるもぬま》に潜んでいるところを捕らえられて斬首され、家衡は下人に身をやつして逃亡を図ったが討ち取られて、戦いは十二月に終わった。

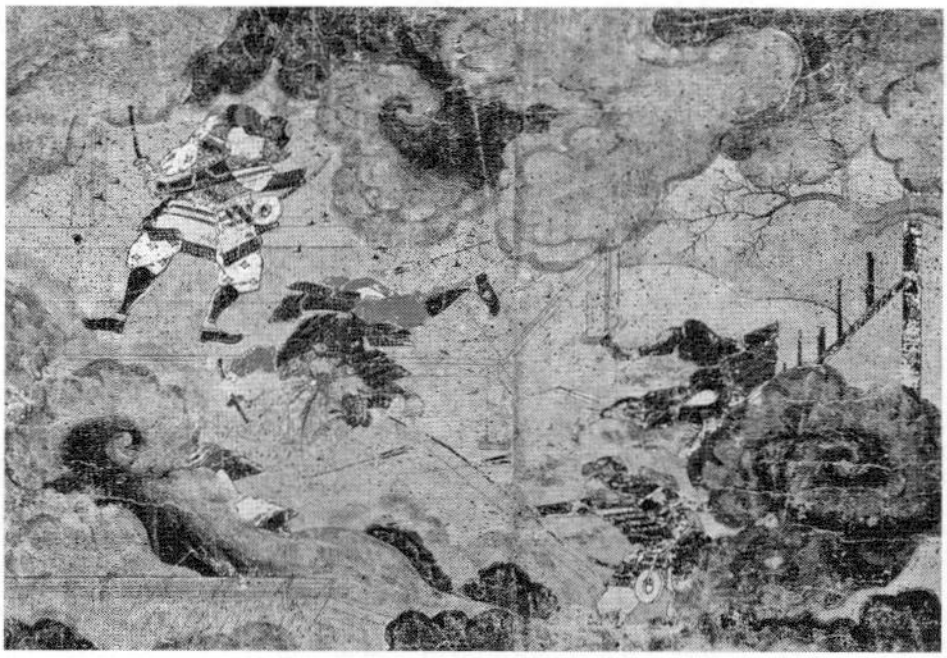

図2-4　金沢柵の戦い(『後三年合戦絵詞』)

朝廷はこの戦いを義家の私戦とみなし、勧賞《けんじょう》はもとより戦費の支払いをも拒否したばかりか、義家が金の貢納を行わずに戦費に回し、官物から兵糧を支給したことで、その間の官物未納があったとして陸奥守を解任した。このため義家は関東から出征してきた将士に私財から恩賞をあたえたことから、その声望が高まり「武士の長者」と称えられたという。

白河院は義家に恩賞こそ認めなかったものの、その武力の意義は理解しており、承徳二年(一〇九八)に陸奥国の公事を完済したことから院の殿上人に待遇して自らの武力となした。また勝利した清衡は、清原氏の旧領を手に入れ、実父である藤原経清の姓藤原に復したので、清原氏の歴史は幕を閉じることになった。

武者の家　義家の家は順調には発展しなかった。嫡子の義親《よしちか》は対馬守《つしまのかみ》になったが、前肥後守高階基実《もとざね》と結んで九州で濫行《らんぎょう》をなしたとして隠岐《おき》に流され、さらにその地から出雲《いずも》に渡って官物を奪ったとして、白河院の命を受けた平正盛に追討されてしまう。

このため義親の子為義《ためよし》は義家の子として源氏の流れを継ぐが、苦労することになった。義親の弟義国《よしくに》が、下野《しもつけ》の受領源有房《ありふさ》の娘との間に儲けた義康《よしやす》は、下野の足利荘《あしかがのしょう》を基盤とするようになり、上野《こうずけ》の受領藤原敦基《あつもと》の娘との間に儲けた義重《よししげ》は、上野の新田荘《にったのしょう》を基盤とするようになって、足利氏・新田氏などの家を形成していった。源氏は不遇のなかで地方に基盤を求めていったのである。

これに対し、平氏は正盛が承徳二年(一〇九八)に若狭守となり、以後、因幡・但馬・丹後・備前と次々に西国の受領を歴任し、嘉承二年(一一〇七)には源義親、元永二年(一一一九)には平直澄《なおずみ》などを追討して順調に西国に勢力を広げ、院北面として院のそば近くで奉仕した。

白河院と近臣や武士との関係を物語る話が『古事談』に見える。院近臣の藤原顕季は、源義家の弟義光《よしみつ》との間で所領争いがおきていたのに、院が裁許《さいきょ》を一向に下さないのを不満に思い、ある日、道理は我が方にあるのは明らかなのに、なぜ成敗を下されないのかと尋ねた。すると、院は次のように答えたという。

理は顕季にあることは分かっているが、もし汝に勝訴を言い渡せば、子細を弁《わきま》えない武士のことであり、何をするか分からない。汝は他に所領もあり知行国もあるが、義光はかの土地を「一所懸命」の地として知行している。そこで裁許を猶予している。

これを聞いた顕季は、義光を呼んでかの所領をあたえる旨を記した文書（避文《さりぶみ》）を渡すと、喜んだ義光は、従者となる名簿を顕季に捧げ、その家人となって仕えるようになったという。義光は義家の奥州の合戦に加わるために奥州に下って解官されたことがある武士であり、子孫は常陸に広がって佐竹氏の、甲斐に広がって武田氏の家を形成していった。

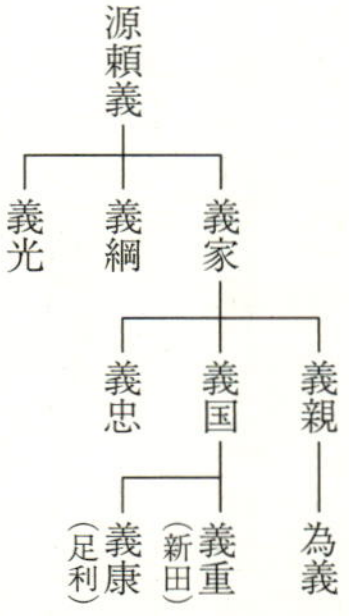

図 2-5　源氏略系図①

もう一つの話は、白河院が晩年に全国に殺生禁断令を出した時のものである。この法令は仏教の保護を国王の名において命じたものであり、各地で狩猟を禁じ魚を獲る網を焼くなど、その禁令は徹底されたが、それにもかかわらず、加藤成《なり》家《いえ》という武士が鷹を使って狩りをしたことがわかり、京に召されて尋問を受けた。どうして禁制が出されているのに鷹を使ったのか、という問いに対し、「刑部卿殿《ぎょうぶきょうどの》」(平忠盛)の命令で行っただけのことであり、「源氏・平氏の習《ならい》」では重い罪であれば首を切られてしまうが、宣旨に背いただけでは重くとも禁獄か流罪に過ぎず、命にまで及ぶことはない、と嘯《うそ》ぶいた。これを聞いた白河院は呆れ、その痴《し》れ物は追放せよ、と命じたという。

京において院に仕えた武者と地方の武士との間に特別な主従関係が形成されつつあったことがうかがえる話だが、次にその地方の武士の動きを見ておこう。

地方の武士の家

前九年と後三年の合戦に加わった兵たちは、その存在を自覚するようになり、子孫たちは家を形成していった。前九年の合戦において、黄海《きのみ》の合戦での源頼義を救ったのは、一度は敵の包囲網を逃れたのに戻って来て戦い、討ち死にした相模《さがみ》の佐伯経範《つねのり》だったが、その子孫は相模の波多野《はたの》氏として相模の秦野盆地を中心に西部に広がり、波多野・河村・大友などの家を形成した。同じく頼義に従軍した佐伯元方《もとかた》の子孫は、現在の伊勢原市域一帯に広がり、糟屋《かすや》氏・四宮《しのみや》氏などの家を興した。

南北朝期に成った『源威集《げんいしゅう》』という軍記物語には、前九年の合戦に際し「秩父大夫別当武基《たけもと》子息」の秩父武綱《たけつな》が先陣をつとめたとあって、『秩父氏系図』には武綱の子重綱《しげつな》に「秩父権守」

とあり、重綱の時に武蔵の国衙に権益を有したのであろう。重綱の子重弘《しげひろ》は秩父を、重隆《しげたか》は河越《かわごえ》を、重継《しげつぐ》は江戸を名乗る家を形成し、さらに重弘の子重忠《しげただ》は武蔵北部にあって畠山、弟有重《ありしげ》は武蔵南部に進出して小山田《おやまだ》の家を形成、有重の子重成《しげなり》は稲毛《いなげ》を、重朝《しげとも》は榛谷《はんがや》を号した。

後三年の合戦では、相模の「聞こえ高き兵」鎌倉権五郎景政《かげまさ》が矢で右目を射られても突進して奮戦し、同じく「聞こえ高き」三浦為次《ためつぐ》がその矢を抜こうとして、景政の顔に足をかけようとしたところ、怒った景政が下から為次を突き刺そうとしたという。驚く為次に、「弓矢に当たりて死ぬるは兵の望むところなり。いかでか生きながら足にて面を踏まることはあらむ。しかじ汝を敵として我、ここにて死なむ」と景政が語ったので、名誉を重んじるその行為と言動に為次は舌を巻いて謝り、丁重に矢を抜いたのであった(『奥州後三年記』)。

この鎌倉景政は相模の大庭御厨《おおばのみくりや》に拠点を築くと、子孫は鎌倉党の家を形成してゆき、その一つの大庭氏の景義《かげよし》・景親《かげちか》兄弟は、義家の孫義朝《よしとも》に率いられての保元《ほうげん》の合戦において次のように名乗っている(『保元物語』)。

昔、八幡殿(源義家)の後三年の軍に、金沢の城責められしに、鳥海《とのみ》の館《たち》(沼柵の誤り)落とさせ給ける時、生年十六歳にて、軍の前に立て、右の眼を射られながら答の矢を射て敵を討ち取りて、名を後代に留めたる鎌倉権五郎景政が五代の末葉、景政を祖とする大庭や梶原など鎌倉党の武士たちは、相模の鎌倉郡や高座《こうざ》郡に所領を有する家を形成したのだが、いっぽうの三浦為次の子孫たちは、相模の三浦半島に勢力を伸ばし、相模の国衙に権益を築くかたわら房総半島にまで勢力を広げていった。

関東の武士たちが家を形成し、その苗字の地を名乗《なの》りとしていった動きがわかるが、さらにこの点を物語っているのが武蔵の小代伊重《しょうだいこれしげ》が鎌倉時代に記した置文《おきぶみ》である(『鎌倉遺文』)。小代の家の先祖は武蔵の児玉郡に本拠があったと語り始め、後三年の合戦に従軍した「児玉有大《ありたい》夫《ふ》」が祖であるといい、その様子を「東八カ国の人は皆以て大庭に敷皮居列《いつら》なれり。八幡太郎の義家朝臣、大将軍にて屋形に御座《おは》せしますに、児玉の有大夫朝臣、副将軍にて同じ屋形に赤革の烏帽子《えぼし》懸《がけ》して、八幡殿の御対座に書かれ給ひたる」と、屋形の大庭において副将軍として義家の向かいの座にあったと記し、この合戦を描いた『後三年合戦絵詞《ごさんねんかっせんえことば》』にはそう描かれている、と語っている(「小代文書」)。

このように兵から武士へと展開するなかで、氏から家への形成が進められていった。武士たちは開発の拠点とした本宅を中心に「門田《かどた》」と称された直営田や、その周囲に広がる新田に強い権利を持ち、さらに公田《こうでん》にも支配を進め、寄進など多様な手段を通じて荘園形成に関わっていった。秩父氏では小山田有重が小山田荘の、その子の稲毛重成が稲毛荘の、榛谷重朝が伊勢神宮領の榛谷御厨の領主となっている。

平泉の藤原氏

後三年の合戦後の奥州では、奥六郡を継承した藤原清衡が宿館を豊田館から平泉館に移し、陸奥・出羽両国へと勢力を広げていった。平泉を選んだ第一の理由は、支配領域とした奥州・出羽の中央に位置していたことにある。

奥州の白川関と津軽半島の外《そと》ヶ浜《はま》を結ぶ奥大道の中央にあることに目をつけ、その道筋に一町ごとに金色の阿弥陀仏を描いた笠率都婆《かさそとば》を立て、国の中心となる山の頂上には一基の塔を建てて、往還の道の左右に釈迦如来像と多宝如来像を安置した。

第二の理由は、以前から平泉には仏教文化が入っていたことにある。平泉の北には衣川館があり、それと関係する寺院(長者原廃寺)が存在する。平泉には多宝寺《たほうじ》が、平泉の西南には西光《さいこう》寺《じ》(達谷窟《たつこくのいわや》)があって、清衡はその多宝寺を整備して大長寿院や金色堂《こんじきどう》などの堂舎を次々に建ててゆき、「寺塔四十余宇、禅坊三百余宇」を擁する中尊寺《ちゅうそんじ》を形成し、平泉世界を仏国土として表現したのである。

なかでも大長寿院は二階大堂と称される高さ五丈の大建築、本尊は三丈金色の阿弥陀像、脇《きょう》士《じ》は九体の丈六阿弥陀像という大規模なモニュメントで、藤原氏の氏寺としての機能を有していたと見られる。平泉の繁栄ぶりは、延暦寺・園城寺《おんじょうじ》・東大寺・興福寺などの京や奈良の諸大寺のみならず、大陸の天台寺においても千人の僧に依頼して経供養を行ったことや、経蔵を建ててそこに宋から取り寄せた宋本一切経を納めたことなどから知られる。領域内の一万余の村ごとに伽藍《がらん》を建て、仏聖灯油《ぶっしょうとうゆ》田を寄付したともいう。

さらに金色堂は「上下四壁・内殿、皆金色也。堂内に構三壇を構へ悉《ことごと》く螺鈿《らでん》也。阿弥陀三尊。二天。六地蔵。定朝《じょうちょう》造る」とあるように、堂内が皆金色であって、堂内に構えられた三壇には後に藤原清衡以下の遺体が納められることになる。金色に包まれた墓堂として考えられたもので、清衡は入滅の年に逆修《ぎゃくしゅ》を行い、その百日の結願《けちがん》の時に合掌して仏号を唱えて眠るがごとく閉眼したというから、おそらくこの金色堂に籠もって最期を迎えたのであろう。

この金色堂の「正方」に位置していたのが清衡の館、すなわち平泉館である。平泉館のあった柳之御所《やなぎのごしょ》遺跡から見ると、中尊寺の金色堂は西北西に位置しているが、それは金色堂の正面方向と合致している。藤原氏は平泉館から金色堂をいつも正面から拝していたのであろう。館が立地するのは衣川と北上川の合流地点近く、高館の南、北上川の河岸段丘上で、西・北が壕で囲まれており、発掘調査によって池の付属する家など多数の建物があることがわかった。

このように清衡は東北の王の家を築きあげた。文治《ぶんじ》五年(一一八九)九月に源頼朝が平泉に進駐した際、平泉館は炎上し「奥州羽州両国省帳田文《しょうちょうたぶみ》已下の文書」が焼失したとあるが、これは清衡の時期に作成されたのであろう。

摂関家の藤原忠実は馬を毎年送ってきた清衡を「陸奥住人」と記しており(『殿暦《でんりゃく》』)、清衡は中央の権門と結んで陸奥・出羽の各地に荘園を形成していった。摂関家領の陸奥の高鞍《たかくら》・大曽禰《おおそね》・本良《もとよし》や、出羽の屋代《やしろ》・遊佐《ゆさ》の各荘園は清衡の時に立てられたのであろう(『台記』)。

しかし、白河院に仕えた藤原宗忠は、太政官の事務をとる史《し》の小槻良俊《おづきよしとし》が清衡のもとに下って帰ってこないことについて「国家に背く」と称していた(『中右記』)。『古事談』には、白河院の近臣源俊明《としあき》が丈六の仏像を造ろうとした時、その金箔のための砂金を提供すると清衡が申し入れてきたが、王土を押領した謀反の者であるから受け取れない、と退けたという話が載っている。

以上、後三条天皇の登場に始まり、白河院政を通じて中世社会の枠組みが形成されてきたことを見たところで、第三章では次への展開を見てゆこう。

第三章　地域社会の成長

1　平氏の台頭と鳥羽院政

国王のコレクション

大治《だいじ》四年(一一二九)七月、白河院は亡くなったが、この時、藤原宗忠《むねただ》は日記『中《ちゅう》右記《ゆうき》』のなかでその治世をこう語っている。「天下の政をとること五十七年(在位十四年、位をさるの後、四十三年)」と、長期にわたり政権を掌握したことにふれ、「聖明の君、長久の主」であり、その政治姿勢は「理非を決断し、賞罰が分明」であった、と高く評価した。

しかしいっぽうで「意に任せ、法に拘《かか》わらず、除目《じもく》・叙位《じょい》を行ひ給ふ。古今未だ非ず」とその専制的な性格を記し、「愛悪掲焉《けちえん》にして貧富は顕然なり。男女の殊寵《しゅちょう》多きにより、すでに天下の品秩《ひんちつ》破るなり」と、天下の秩序を破ったと厳しく指摘している。だが実は白河院は政治の秩序化を目指していたのであって、院政の展開とともに反対方向へと向かったのである。

この政治を継承した鳥羽院(図3-1)は、翌年十一月二十八日に熊野に向かって院政を行うことを神に告げてその納受《のうじゅ》を祈ると、秩序を求めた祖父とは違い、諸勢力の統合に力を注いだ。その際に目をつけたのが鳥羽殿である。白河院が亡くなると、すぐに鳥羽や白河・京の御所の蔵に封を付けさせて宝物の分散を防いでおり、鳥羽に田中殿御所を造営し、長承《ちょうしょう》三年(一一三四)に勝光明院《しょうこうみょういん》に付属して宝蔵を設け、ここに「顕密の聖教、古今の典籍、道具書法、弓剣管絃の類」の「往代の重宝」を収納した。

この宝蔵は、宇治の平等院宝蔵や延暦寺の前唐院蔵にならって列島内外のコレクションを納めたもので、王権を飾ることに腐心した。弘法大師が大陸で描いたという八幡神の「御影」が高雄寺《たかおでら》に安置されていたが、寺が荒廃したのでこの宝蔵に安置したという(『古事談』)。

図 3-1　鳥羽院

モニュメントで飾った白河院に対し、コレクションで王権を飾ったわけで、久安《きゅうあん》二年(一一四六)八月二十三日に宝蔵を見た鳥羽院は、宝物の目録を作成させている(『本朝世紀《ほんちょうせいき》』)。

諸国の荘園が院周辺に集中したのもこのコレクションと関係がある。白河院とは違って鳥羽院は一度も荘園整理令を発したことがなく、白河院政の後半に諸国の荘園の寄進を認めるようになった傾向のままに、寄進を受け入れ、荘園には国《くに》役《やく》の免除や国使不入《ふにゅう》などの特権を与えていった。

院のもとに集められた荘園は、御願寺の六勝寺《ろくしょうじ》や、后妃の

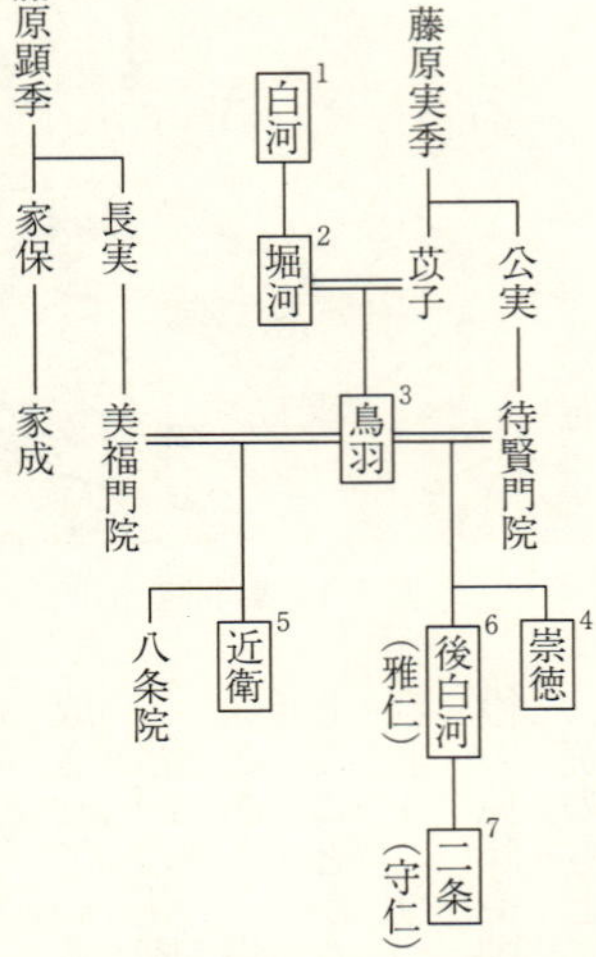

図 3-2　天皇家略系図

待賢門院《たいけんもんいん》と美福門院《びふくもんいん》、皇女の八条院《はちじょういん》などの女院に譲られてその所領とされ、時代の文化はこの富の上に築かれたのであり、これらの荘園の目録は国王のコレクションの書き上げの性格を有していた。

　こうした鳥羽院の性格を語っているのが『古事談』の僧行の部に載る話である。鳥羽院の護持僧の鳥羽僧正覚猷《かくゆう》は、死期近くに遺産の処分をするよう弟子たちから求められた時、「処分は腕力によるべし」と紙に書いて亡くなった。するとこれを伝え聞いた院は、自らも覚猷の弟子たるを自認していたので、弟子を呼び寄せて遺財を書き上げさせ、それらをすべて我がものとした後、弟子らに分配したという。すでに時代は腕力が物を言う時代に突入していたことを象徴的に物語っているとともに、院のコレクション癖もよく示している。さらに院は宝物や荘園のほかに武士も集めた。

平家の台頭

　白河院は源氏・平氏の武士たちを受領や検非違使に任じ、院の北面に伺候《しこう》させて主従関係を形成し、御所や京都を守護させていたが、その出世は抑えていた。そのなかにあって出世を果たしたのが平氏である。

平氏は京での根拠地を「先祖の旧宅なり」と称された六波羅《ろくはら》に置き、正盛《まさもり》はここに屋敷を据え、子の忠盛《ただもり》は邸宅を整備すると、近くにあった白河院の想い人の祇園女御《ぎおんのにょうご》の屋敷を警護するうちに、その妹との間に清盛《きよもり》を儲けた。

それもあって清盛は大治四年(一一二九)正月二十四日に左兵衛佐《さひょうえのすけ》に任じられたが、これを聞いた藤原宗忠は「この春給爵、十年《ととせ》、備前守《びぜんのかみ》忠盛の男、人、耳目を驚すか」と記し、春に五位になったばかりで、それも十歳の若さで左兵衛佐になったことに驚きを示している。通常ならば四等官の兵衛尉《ひょうえのじょう》から任官が始まるからである。

忠盛は伯耆《ほうき》・越前《えちぜん》などの受領を歴任し、大治四年三月には山陽・南海道の海賊の追討を院宣《いんぜん》で命じられるなど西国に勢力を拡大し、鳥羽院政が始まるとさらに院の恩寵を得て、長承元年(一一三二)に但馬《たじま》の受領として得長寿院《とくちょうじゅいん》を造った功により内裏への昇殿が許され、殿上人《てんじょうびと》となった。藤原宗忠は「未曽

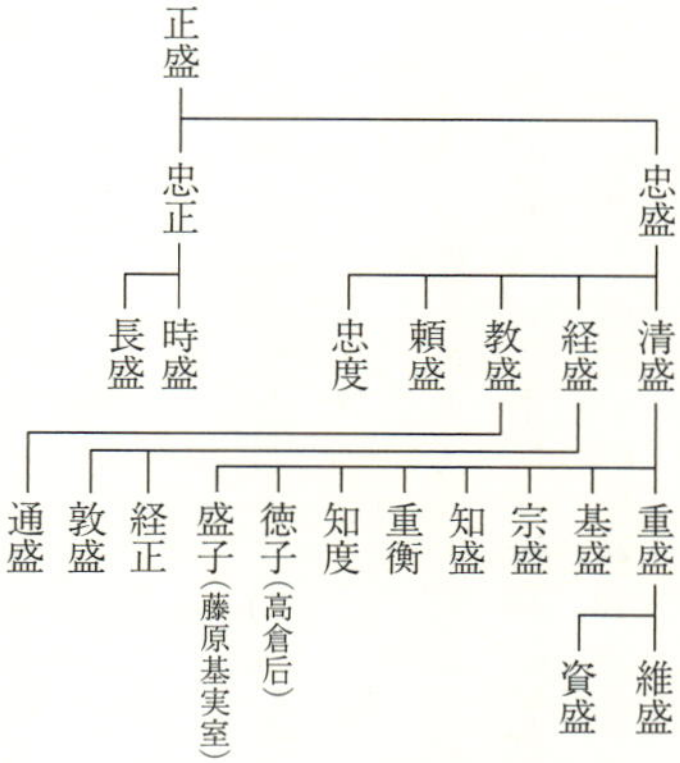

図3-3　平氏略系図

有」と評したが、こうした貴族の反感をかった忠盛の昇殿を描いたのが、「平家」の栄華の物語を記した『平家物語』である。

その冒頭の「殿上の闇討ち」の章では、昇殿の際におきた事件を扱い、平家の発展を印象的に語っている。殿上人の仲間入りの洗礼として、新任者を散々にいたぶる闇討ちが頻発していたことから、これを穏便に切り抜けるため、忠盛は家人《けにん》の平家貞《いえさだ》を殿上の小庭に控えさせ、自身は木刀を腰刀にして差し節会《せちえ》の座に臨んだことで、闇討ちを避けることができた。

この忠盛のあるまじき行為に憤慨した殿上人が、院に訴えたことから、院の質問に忠盛が弁じたところ、逆にその用意周到さが褒められたという。忠盛は貴族たちの反発を上手にかわし、これを契機に平氏は貴族との交わりをもつようになったというのが『平家物語』の意図するところであり、事実、この昇殿は平氏による武家政権への階梯の第一歩となった。

その翌年には唐船との交易によっても訴えられている。『長秋記《ちょうしゅうき》』長承二年（一一三三）八月十三日条の記事によれば、この日、院近臣の大宰権帥《だざいごんのそち》藤原長実《ながざね》からの相談を受けた中納言の源師時《もろとき》は、その訴えを聞いた。鎮西《ちんぜい》に唐船が来航したので例によって大宰府の官人（府官）が交易をしようとしたところ、備前守平忠盛が下文《くだしぶみ》を成して院宣であると号し、宋人の周新《しゅうしん》の船が来着したのは神崎《かんざき》荘領であるから、府官がこれに関与してはならない、と遮ったという。

宋の商人が来航すると、府官が博多に赴いて持参した物資を買い取るのが例であったが、これを阻止したというのである。肥前の神崎荘は院が直管する後院《ごいん》領であり、有明海に臨む大荘園であったから、唐船はここに入港したとも考えられるが、博多には神崎荘の年貢を保管し積み出す倉が置かれていて、忠盛はここに到来した宋商と取引を行っていたものと見られる。

これ以前に忠盛は越前守になっていたが、宋の商人は日本海を回って越前の敦賀《つるが》にきて交易をすることがあり、越前守はその交易を管轄していたので、そこでの貿易の利に目をつけたのであろう。さらに本格的に貿易を行うために博多に足掛かりを求めたわけである。忠盛が日宋貿易を推進したのは、貿易の利を求める動機とともに、院の宝物収集に応じ、大陸から入ってくる宝物を院に進呈して歓心をかうことを考えてのものであった。

飢饉と神人・悪僧

順調に発足したかに見えた鳥羽院政を襲ったのが、長承三年(一一三四)からの「天下飢饉」であった。飢饉は五月の長雨に始まり「風損水損」が続き、秋には「大咳病」となり、翌年には悲惨を極め、疾疫・飢饉により餓死者が「道路に充満す」という事態となって保延《ほうえん》と改元され、大規模な賑給《しんごう》(弱者救済)の実施により貧窮者に食料が施された。しかしその効果は全くなく、翌二年も「世間多く道路に小児を棄《す》つ、大略天下飢餓」という状況であった(『百練抄《ひゃくれんしょう》』)。

この飢饉はその後に続く中世の飢饉の端緒となったのであるが、それとともに海賊・山賊も横行するようになったので、朝廷は諸道に対策を答申するように求めた。この求めに応じて出された勘文《かんもん》は八通あったが、みな徳政や善政を行うように指摘しており、これ以後、飢饉や彗《すい》星《せい》、代替わりとともに徳政が求められてゆくことになる。

この時、儒者の式部《しきぶ》大輔《たいふ》藤原敦光《あつみつ》は、世の変異や飢饉・疾疫・盗賊などの多くの災難について意見を提出し（『本朝続文粋《ほんちょうぞくもんずい》』）、そのなかで当時の社会の実情を次のように指摘した。

諸国の土民、課役を逃れんがため、或は神人《じにん》と称し、或は悪僧として、部内を横行し国務を対捍《たいかん》す。

神人や悪僧が国内を横行して国務に逆らっていると語っているが、実際に保延三年二月には南都の大衆《だいしゅ》が興福寺別当の件について訴え、翌年四月には天台の大衆が神輿を担いで訴えをおこしている。神人とは下級の神職であって、保延三年には伊勢大神宮の神人が群参して朝廷に訴訟を突きつけるなど、彼らの動きは活発化していた。

こうした活動のなかでも特に注目されるのが経済活動であって、保延二年の近江日吉社の神人の訴えは、多くの人に貸し付けた債権の取り立てを求めている。貸し付けの資金は神社に寄せられた初穂《はつほ》や上分《じょうぶん》と称される米や、寄進された神物であった。このうち橘成親《なりちか》は、故人となった前肥後守藤原盛重《しげもり》や左大弁宰相《さだいべんさいしょう》の藤原為隆《ためたか》、現任の能登守藤原季行《すえゆき》に貸し付けていて、それは彼らの受領功の費用のために用立てたものであり、その返済を迫ったのであろう。

「越中国の庁官田堵《たと》」や「越前国木田御庄住人」などへの貸し付けもあり、筑前葦屋津《あしやのつ》では「兵藤滝口《ひょうどうたきぐち》」に契約の文書を押し取られているなど、その活動は広域に及んでいた。取り立てが不調に終われば、悪僧を頼んで力ずくで債権の取り立てを行った。

このような神人や悪僧と地方で交渉をもっていたのが、地方で成長していた長者である。『粉河寺縁起《こかわでらえんぎ》』の話に見える河内《かわち》の讃良《ささら》郷の富有な長者は、不治の病におかされていた娘を救ってくれた童形の行者を訪ねて行ったところ、実はそれが粉河の千手観音の化身であったことを知って出家を遂げたという。

長者の住む讃良郷は河内江と称される湖沼が周囲に広がっており、長者は朝廷の内蔵寮《くらりょう》が管轄する大江御厨《みくりや》の供御人《くごにん》という設定であろう。絵を見ると、長者の家には山野河海の産物が次々と運びこまれ、米倉には米が積まれ、蔵には財宝が満ちている（図3-4）。その風貌は武士ではないが、こうした長者の子孫がやがて武士となっていったのである。

海賊と私合戦　飢饉への有効な対策は特にとられなかったが、海賊に対しては追捕がなされ、長承三年閏十二月に兵衛尉《ひょうえのじょう》平家貞が海賊追捕の賞により左衛門尉《さえもんのじょう》となっている。この

図 3-4　地方の富有な長者
(『粉河寺縁起』)

家貞は忠盛の昇殿に際し殿上の小庭に控えていた忠盛第一の家人であった。

保延元年(一一三五)四月には西海の海賊追討のために派遣する追討使の人選の審議があって、備前守平忠盛と検非違使源為義《ためよし》のどちらを派遣すべきかが問題になったが、為義では路次の国々が「滅亡」する恐れがあるという理由から、西海に勢力を広げて「便宜」のある忠盛が望ましいとされ、忠盛に決定したという。

忠盛は海賊七十人を捕らえてすぐ八月十九日に上洛してきたが、実はその海賊の多くは忠盛の家人ではない者を「賊虜」と称して捕らえてきたものと噂された。海賊は流通の担い手であって、平氏との結びつきは深かったことであろう。八月二十一日にその海賊追討の賞として忠盛の譲りによって嫡子の清盛が破格の従《じゅ》四位下《いげ》となっている。

このように平氏が西国の海賊追討使に任じられ、西国の裕福な国の受領となって勢力を伸ばしていったのに対し、源氏の為義は実父の義親《よしちか》が追討されたために、祖父義家《よしいえ》の養子として成長するなか、畿内周辺に自ら出かけて勢力を広げていった。

長承二年(一一三三)には、為義の郎等《ろうとう》が丹波国において多くの人を殺したことが検非違使別当の耳に入っている。これもあって鳥羽院は為義を追討使には任じなかったのであろう(『長秋記』)。永治《えいじ》二年(一一四二)二月、京で近江の武士の佐々木友員《ともかず》が殺害される事件がおきたので、検非違使が友員の叔父行真《ゆきざね》らを呼んで尋問したところ、一族内では血で血を洗う紛争が繰り返されていて、犯人は源為義の郎等で友員の従兄弟の道正《みちまさ》であろうと語った。そこでさらに行真と為義との関係を問うたところ、為義が近江の佐々木荘にやってきた時、子ども一人を為義の家人に差し出したと答えている(『平安遺文』)。

源氏は様々な手段を講じて地方に勢力を伸ばしていった。為義の嫡子の義朝《よしとも》は東国で育ち、末子の八郎為朝《ためとも》は鎮西で育って、それぞれの地域で力を伸ばしていた。我が子を地方の国々に派遣して、在地の武士との間に主従関係を築く核とする戦略をとっていたことがわかる。

こうして源氏・平氏の武士は院に仕えたその地位を利用しつつ、地方の武士との間に広く主従関係を築いてゆくなかで、「源氏・平氏の習《ならい》」といわれる武士独自の慣習が生まれ、それぞ

図3-5　武士に殺害された法然の父・時国
(『法然上人絵伝』)

れに国司の統制から自由な活動を繰り広げたので、武士間の争いは絶えなかった。美作《みまさか》国久米《くめ》の武士・漆間《うるしま》時国《ときくに》の子として生まれた法然《ほうねん》が、館を襲った武士の手にかかって幼くして父を失ったのはこの頃のことで、地方の諸国では私合戦が日常的におきていた(図3-5)。

知行国と荘園の争い

各地で増え特権が与えられた荘園と、家産に組み込まれていった知行国との間での紛争もおきていた。康治《こうじ》元年(一一四二)正月に文章博士の清原信俊《さねとし》は肥後守になったが、その翌年四月、肥後国内の有力武士の田口新大夫行季《ゆきすえ》が千人余りの軍勢を引き連れて、在庁官人の権介季宗《ごんのすけすえむね》の私領を襲い財物を奪ったばかりか、四十余りの在家《ざいけ》を焼き払い、米や稲・籾・大豆・小豆などの穀物・軽物《かるもの》を押し取る事件がおきた。

天養《てんよう》元年(一一四四)、嫌気のさした信俊が肥後守を辞任すると、代わって源国能《くによし》が国司になるなか、大将軍の木原広実《ひろざね》とその養子秀実《ひでざね》らが貢御所《くごしょ》の野部山《のべやま》の役人を殺害し、国衙の二人の目代《もくだい》を弓で射て殺そうとした事件をおこし、「国中の濫行はただ広実一人に在り」と指弾されている(『高野山文書』)。

国衙の目代や在庁官人らと、田口行季・大将軍木原広実などの豪族的武士との対立が合戦へと至ったものであるが、この動きは肥後国のみならず広く諸国でおきていた。康治元年八月には紀伊国の目代・在庁官人が大伝法院領石手《いしで》荘に数百の軍兵と数千の人夫を引き連れ乱入し、在家四十余りを焼き、稲や大豆・米・資材雑物を奪い取ったとして訴えられている。

ここでは国衙側が実力行使したのである。国司が朝廷の重要行事である大嘗会《だいじょうえ》などの課役の賦課を狙えば、石手荘は天下一同の公役《くやく》であろうと、国内の荘園公領に平均に懸かってくる役であろうとも、一切の役は免除される特権を有していると主張し、この紛争がおきていた。大伝法院は鳥羽院の信任の厚い高野山の覚鑁《かくばん》により設けられた院家《いんげ》であった。

荘園の免除特権を否定して国の支配を強めようとする受領・国衙の動きと、朝廷・院からの免除特権を獲得して荘園支配を強めようという荘園側の動きとが、現地において衝突したのであるが、これには摂関家の知行国も例外ではなかった。

天養元年(一一四四)正月に、藤原忠実《ただざね》の子の関白忠通《ただみち》は伊賀・大和・備前の三か国を知行することになったので、そのうちの伊賀・大和の二か国の田地を調査する国検《こっけん》を実施しようとした。荘園・所領の田を把握するとともに、加納《かのう》や出作《でさく》と称して一部の年貢免除を認めていたのを取り消そうとしたのである。この二か国では国検が久しく行われておらず、特に大和は興福寺の寺僧の所領が広範に存在していたことから、これにメスを入れようとした。しかし強い反発がおき、結局は中途半端に終わってしまったが、いずれにしても、知行国支配は新たな段階に入っており、諸国では紛争が絶えなかった。

荘園領主は国衙の強硬な態度に反発して武力をもって対抗し、あるいは朝廷や院庁に訴えて宣旨《せんじ》や院庁下文《いんのちょうくだしぶみ》などを得るなど特権の確保を狙った。東大寺では所司《しょし》の覚仁《かくにん》が荘園の確保に動いて、朝廷に訴えるかたわら、伊賀などの現地で国衙と対立し、「悪僧」と称された。

東国の相模においても、天養元年の九月と十月の二回にわたって、国の目代や在庁官人、三浦庄司義継《よしつぐ》・中村庄司宗平《むねひら》らの武士が伊勢神宮領の大庭御厨《おおばのみくりや》に乱入し、御厨の停止を告げ、九十五町の田の稲を刈り取り、庄官の私財雑物を奪い取っている。大庭御厨では前任の国司の時に宣旨を得て特権が認められたばかりであった。

2 家をめぐる葛藤

貴族や武士に「家」が生まれ、その地位や家産が子孫に継承されてゆく動きが広がるなか、家から逃れる動きもおきていた。その一つに仏道修行の道に入る遁世《とんせい》があった。

家を逃れて

三善為康《ためやす》の手になる往生伝『後拾遺往生伝《ごしゅういおうじょうでん》』は、遁世後に往生した人々の伝記を記しているが、そのうちの左馬大夫《さまのたいふ》藤原貞季《さだすえ》は白河院に仕え滝口《たきぐち》の武士となり、馬允《うまのじょう》に任じられて五位に叙されると、その後は後生の事をのみ営むようになり、雲林院《うりんいん》に塔婆を建てて行を積んで長承三年(一一三四)に往生を遂げたという。

浄土への往生を求める動きが人々の心を捉えるようになっていたのであり、そうした遁世の志は、摂関時代に結社を結んで浄土への往生を求めてきた文人たちには、世人の詩文への関心の衰えもあり、出世の望みも絶たれていたので、ことに強かった。

『本朝新修往生伝《ほんちょうしんしゅうおうじょうでん》』によれば、清原信俊は「累代の名儒」で、二度も大外記《だいげき》になったが、出家の願いを抱くようになり、肥後守を辞任した後に遁世し、阿弥陀を念じて往生を遂げたという。その信俊は保安元年(一一二〇)に京の北の鞍馬寺《くらまでら》、天治二年(一一二五)には紀伊の粉河寺の経塚《きょうづか》に、『法華経』八巻を納めた経筒を埋めていた。

遁世の志を持つ人々に仏道への結縁《けちえん》を勧める勧進聖《かんじんひじり》の動きも活発化していた。先の信俊の経筒に名が見える勧進僧の良忍《りょうにん》は、大原を中心に融通念仏《ゆうずうねんぶつ》の信仰を広めたことで知られている。東大寺再建に尽くした永観《ようかん》は、「年来、念仏の志深く、名利を思はず、世捨てたるなりけんと」と、京の東山の禅林寺《ぜんりんじ》に籠った後、人々に念仏を勧め、病人や囚人の救済活動を行った。

永観とともに弱者の救済にあたったのが、東山の雲居寺《うんごじ》を拠点に活動していた瞻西《せんせい》であって、阿弥陀の大仏を勧進によって雲居寺に造営し、仏に和歌を捧げる「法楽」を歌人たちに勧めた。『古今著聞集』によれば、瞻西は歌を好み時の歌人たちと寄り合っては和歌の会を開き、和歌曼荼羅を描き、過去七仏(釈迦に至るまでの七つの段階の仏)を描いて、供養していたという。

後に新たな仏教運動を繰り広げることになる宗教者も、この時期に多く生まれている。法然は武士の手にかかって父を失ったことから敵討ちを考えたものの、争いを避けて出家を遂げ比叡山に登ることになった。この法然をはじめ栄西《えいさい》や重源《ちょうげん》などが生を享けており、栄西は備中の神官武士、重源は京武者《きょうむしゃ》から出家を遂げている。そこには飢饉や疫病、私合戦などが大きく影響していた。

同じく武士の家を出て出家を遂げたのが西行《さいぎょう》である。京に基盤を置いた検非違使の藤原康清《やすきよ》の子として生まれた義清《のりきよ》(後の西行)は、父から武芸の故実を教えられ、検非違使別当の藤原実能《さねよし》の家人として仕えることになった。その仕えた藤原実能は閑院流の清華家《せいがけ》で、仁和寺《にんなじ》境内に院家の徳大寺を建ててそれを一門の結集の場としたことから、徳大寺家と称された。清盛が武士の家を背負って生きたのに対し、同い年に生まれた義清はやがて家を捨てる道をたどることになった。

西行の遁世

義清は、武芸はもとより和歌や蹴鞠《けまり》にも秀でていたが、徳大寺家からさらに鳥羽院にも仕えるなか、「俗時より心を仏道に入れ」と、しだいに仏道に心を傾けるようになり、保延六年(一一四〇)八月、突然に出家を遂げた。年は二十三歳と若く、兵衛尉になってからわずか五年後のことであった。その時の心境を詠んだのが次の歌である。

世にあらじと思ひける頃、東山にて人々、霞に寄せて懐《おも》ひを述べけるに

空になる心は春の霞にて世にあらじと思ひ立つかな

(『山家集』七二三)

もやもやした春霞に漂う空ろな心と、きっぱりした「世にあらじ」という遁世の意思とが対照的に響いてくる一首だが、後世に成った『西行法師絵巻《さいぎょうほうしえまき》』には、義清が鳥羽殿に赴いて出家の暇を求める場面や出家を妻に告げる場面が印象的に描かれている。西行のこの決断の波紋は大きく広がった。むろん周囲は引き止め、遁世を惜しんだ。

永治二年(一一四二)三月、『法華経』二十八品を一品《いっぽん》ごとに書写する一品経書写を依頼するため、西行は左大臣藤原頼長《よりなが》邸を訪れたが、これについて頼長は日記『台記《だいき》』に記している。

図3-6　残雪の吉野を行く西行
（『西行法師絵巻』）

西行法師来たりて云く、一品経を行ふに依り、両院以下貴所、皆下し給ふ也。料紙の美悪を嫌はず、只自筆を用ふべし。余、不軽《ふぎょう》を承諾す。

西行が『法華経』の書写の依頼にやって来て、鳥羽・崇徳《すとく》の両院以下貴所からも書写を得ていることを語り、経の料紙は美しくなくともよいが自筆で書いて欲しい、と頼まれたところから、頼長は『法華経』の「不軽品《ふぎょうほん》」の書写を快諾したという。

頼長は西行について、「もと兵衛尉義清也（左衛門大夫康清の子）。重代の勇士を以て法皇に仕へ、俗時より心を仏道に入れ、家富み年若く、心愁ひ無きも、遂に以て遁世す」と記し、西行の遁世を世の人々が嘆美していたという。「心に憂いがない」とは、官職につけなかったり、名誉が傷つけられたりするという憂愁がないことを意味しており、それだけに西行遁世の影響は大きかった（図3-6）。名誉や地位を放棄して家を出たその行為が、家の形成という時代の流れに衝撃を与えることになったのである。家の継承は弟に譲って、自らは家を捨てたこの遁世は、広く人々の心を捉え、伝わり、俄然、遁世者の数が多くなった。

一度出家して寺に入ったものの、僧の世界にも家が生まれており、争いが絶えないことを知って、そこからさらに再遁世して、聖《ひじり》として活動する動きも広がった。法然や重源はまさにその道を歩むことになったのである。

『信貴山縁起《しぎさんえんぎ》』に描かれた、信濃から出てきて東大寺で出家した僧の命蓮《みょうれん》もその一例であって、寺に入ったり、故郷に帰ったりするのではなく、紫雲に導かれて大和の西の信貴山に籠もって修行を行い、やがて天皇の病を治す奇瑞を起こすことになる話である。

百大夫たち

出家という手段をとらないで、家をめぐる争いから離れる動きもあった。「花園の左大臣」源有仁《ありひと》がその例である。有仁は輔仁《すけひと》親王の子で後三条天皇の孫にあたり、父が皇位継承のならないまま亡くなると、元永《げんえい》二年(一一一九)に源氏姓を与えられ、保延二年(一一三六)に左大臣となり、風雅の世界に生きる文化人となった。歴史書『今鏡《いまかがみ》』は有仁が容貌にすぐれ、光源氏にたとえられるほどであったと記している。

院を中心とする宮廷社会において、『源氏物語』が広く読まれ、その絵巻が描かれていたように、その宮廷の模範は『源氏物語』の世界にあって、それへの憧憬もあったから、『源氏物語』の研究が始まるとともに、それの書かれた摂関時代の栄華を築いた藤原道長の一生を記す『大鏡《おおかがみ》』も著された。それだけに有仁周辺には多くの文化人が集まった。

有仁は「この大将殿は、ことのほかに衣紋を好み給ひて、上の衣などの長さ短さなどのほどなど、細かにしたため給ひて、その道にすぐれ給へりける」と記されているように、貴族文化の最先端にあって、衣紋の道を好んで鳥羽院と相談して装束を定めたところ、「肩当、腰当、烏帽子《えぼし》止め、冠止めなどせぬ人はなし」といわれる衣装が流行したという(『今鏡』)。肩当・腰当は衣類の肩や腰の部分の補強のために裏に入れた装身具であり、烏帽子止め・冠止めは烏帽子や冠を止めるための紐のことで、その風俗を詠んだのが次の今様である。

この頃都に流行るもの　肩当・腰当・烏帽子止
襟のたつ型　錆烏帽子《さびえぼし》　布打の下の袴《はかま》・四幅《よの》の指貫《さしぬき》

衣装の流行が萎装束《なえそうぞく》から強装束《こわそうぞく》へと軟から硬に変化してゆく様を詠んでおり、「襟のたつ型」は角張った襟、烏帽子の「さび」は烏帽子に生じた表面の皺、「布打の下の袴」は袴の下を補強したもの、「四幅の指貫」は短く細い仕立ての指貫である。

この有仁の邸宅には「百大夫」と称される芸能に堪能な多くの五位(大夫)の人々が出入りした。琵琶の名手の「伊賀大夫」源信綱《のぶつな》や、笛の名手の「六条大夫」基綱《もとつな》らであったが(『今鏡』)、さらに有仁から「汝を見つけ、猶《なお》道は絶えざりけり」と思ったと言われた蹴鞠の藤原頼輔《よりすけ》もその一人であろう。頼輔は『蹴鞠口伝集《けまりくでんしゅう》』を著し蹴鞠の家を興すことになるが、この時期はまだ五位であった。西行ももし遁世の道を歩まなかったならば、有仁の邸宅に出入りし芸能の道を求めていったと考えられる。

久安三年(一一四七)に有仁が亡くなると、その遺跡を継承したのが、鳥羽院が待賢門院璋子《たいけんもんいんしょうし》との間に儲けた第四皇子の雅仁《まさひと》親王(後白河院)である。有仁は雅仁親王の元服の際に加冠役を勤めその後見となっていたので、雅仁親王は有仁邸で百大夫と交流し、芸能の世界に深く関わっていたと考えられる。しばしば鳥羽殿や東三条殿などに押し寄せては芸能の会をもったといわれており、彼らを引き連れてのことであったろう。

家格の秩序が生まれ、出世の望めない人々の溜り場となったのが有仁や雅仁親王の屋敷だったのである。雅仁親王は大治二年(一一二七)に生まれたが、その人生は数奇を極めた。保延三年(一一三七)に雅仁の御書始《ごしょはじめ》が父母の列席のもとで行われると、その後に御遊と作文が行われたので、これは近代には稀なこと、「良き例」と評された(『今鏡』)。

雅仁には大きな期待が寄せられていたのであり、この御書始には儒者の式部大輔藤原敦光が侍読を勤め、漢詩文集『法性寺関白御集《ほっしょうじかんぱくぎょしゅう》』があって、詩文に才を示した関白の藤原忠通が出席していた。雅仁を育てたのは数多の学問を修めた藤原通憲《みちのり》(信西《しんぜい》)であるなど、周囲には学問に造詣の深い人物が多くいたが、雅仁の心を深くとらえたのは学問ではなく今様であった。

今様を好む後白河院

雅仁の周辺には今様の愛好者も多くいた。『梁塵秘抄口伝集《りょうじんひしょうくでんしゅう》』によれば、母待賢門院の兄藤原通季《みちすえ》は病気をこじらせたところ、今様を謡って全快したという。待賢門院の院司には、今様の謡い手「目井」の弟子である中納言藤原伊通《これみち》や、「さざなみ」を家に抱えていた中納言藤原家成《いえなり》もおり、女院の御所には神崎の遊女「かね」がよく出入りしていたという。

雅仁は保延五年(一一三九)に元服する。すでに長兄が崇徳《すとく》天皇になっていたにもかかわらず出家していなかったのは兄二人が病弱だったためであるが、その年に鳥羽院寵愛の藤原得子(後の美福門院)に皇子が生まれ(後の近衛《このえ》天皇)、翌年には崇徳にも皇子の重仁《しげひと》が誕生したので、雅仁の皇位継承の可能性は遠のいた。

その後も出家しなかったのは、雅仁の乳母であった紀伊の夫高階通憲(後に藤原に復姓、出家し信西)が雅仁の皇位継承をめざしていたことによる。通憲の父実兼《さねかね》は大江匡房《まさふさ》の『江談抄《ごうだんしょう》』を筆録しており、将来を嘱望されていたが早く亡くなってしまい、通憲は高階経敏《つねとし》の養子となり苦労して学問を修め、立身の機会を狙って鳥羽院・待賢門院に仕えるなかで政治への意欲を深めていった。

通憲が家を興すにあたり大きな頼みとしたのが、雅仁の皇位継承である。少納言を最後の官職として出家すると、その身を利用して鳥羽院の政治顧問となり、政治の中枢に入って栄達の道を追い求めた。信西が鳥羽院の供をしてある所に行った時、通事《つうじ》(通訳)も介さずに唐人と話をしていたのを見た院から、どうしてか、と問われると、いつか唐へ御使に遣わされる時のことを考え習っていた、と答えたという(『続古事談』)。

その信西の動きをよそに雅仁は今様に明け暮れた。『梁塵秘抄口伝集』は、「そのかみ十余歳の時より今に至る迄、今様を好みて怠る事なし」と記している。春夏秋冬の四季、昼はひねもす謡い暮らし、夜はよもすがら謡い明かさぬ日はなかったといい、番を組んでは競って謡い、雑芸集を広げて一人謡い尽くすなどしていた。「声を破《や》る事は三箇度」に及んだが、喉を潰して二度目まではさらに謡って声が出るまで謡い続け、喉が腫れて湯も通らないのにそれでも無理して謡い尽くしたともいう。

多くの下層の人々とも交わりをもった。上は公卿から、下は遊女や傀儡子《くぐつ》に至るまで広く身分の低い人々と今様を通じて交流していったことを、『口伝集』は次のように記している。

上達部《かんだちべ》・殿上人はいはず、京の男女、所々のはしたもの、雑仕、江口・神崎のあそび、国々のくぐつ、上手はいはず、今様をうたふ者の聞き及び、我れがつけてうたはぬ者は少なくやあらむ。

他の芸能にも雅仁は関わっていた。慈円《じえん》の『愚管抄《ぐかんしょう》』は、雅仁が『法華経』を暗誦して読む持経《じきょう》者となり、舞や猿楽も特に好んだ、と記している。その雅仁に皇位継承の可能性が出てきた。

鳥羽院が永治元年(一一四一)に崇徳天皇に退位をせまり、「ことに最愛に」思っていた得子(美福門院)との間に生まれた近衛天皇を皇位につけたところが(『今鏡』)、近衛天皇が病弱で子が生まれなかったことから、その後の皇位をめぐって、崇徳院が子の重仁親王を立てることを、美福門院が養子としている雅仁の子守仁《もりひと》を立てることを考えるようになったからである。

「日記の家」の人々

雅仁に期待を寄せた人のなかには「日記の家」の人々もいた。白河院近臣の藤原顕隆《あきたか》の三男顕長《あきなが》がその一人である。顕長は藤原高藤《たかとお》を祖とする勧修寺《かじゅうじ》流にあり、この家は白河院に仕えた為房《ためふさ》から頭角を現わし、為房以降、弁官を経て公卿に至る出世コースをたどっていた。為房の『為房卿記《ためふさきょうき》』を始め、為隆の『永昌記《えいしょうき》』、顕隆の『顕隆《あきたか》卿記《きょうき》』など、代々、朝廷に仕える官僚としてその実務や事務を日記に記す「日記の家」である。顕長の父顕隆は白河院の信任厚く「夜の関白」と称され、母は右大臣源顕房《あきふさ》の娘であって、保安四年(一一二三)に五位となった後、天治二年(一一二五)から紀伊守、大治四年(一一二九)に越中守、保延二年(一一三六)十二月から三河守、久安元年(一一四五)十二月に遠江守《とおとうみのかみ》、久安五年(一一四九)四月に再び三河守となっている。日記を記しておらず、特に目立った業績もなく、このままでは受領の家として院に経済的奉仕をするだけで終わってしまうところであった。

その顕長の三河守の時に作られた「三河守朝臣藤原顕長」という銘のある渥美《あつみ》焼の壺が、渥美半島の大アラコ第三号窯から出土しており(図3-7)、さらに『法華経』が納められたと考えられる同じ銘をもつ壺が山梨県南部町の篠井山《しのいやま》経塚や、静岡県三島市の三ツ矢新田経塚、神奈川県綾瀬市の宮久保遺跡から出土している。

図3-7 「三河守藤原朝臣顕長」銘をもつ大アラコ第三号窯出土の壺

その銘文には共通して「正五位下行兵部大輔兼三河守藤原朝臣顕長　藤原氏　比丘尼源氏　道守氏尊霊　従五位下惟宗朝臣遠清　藤原氏　惟宗氏　内蔵氏　惟宗尊霊　惟宗氏尊霊　藤原尊霊」とあることから、明らかにこれには何らかの祈りが託されていたと考えられる。そこでこれら経塚の立地を見ると、篠井山経塚は富士山の西に位置し富士山を一望できる地である。三ツ矢新田経塚は富士山の南に、宮久保遺跡は富士山の東に位置するので、富士信仰とのかかわりがあったと見るべきであろう。

実は富士信仰はこの時期に盛んになっていた。久安五年(一一四九)四月に富士山に数百箇度も登ったという「末代」と称する富士上人が上洛し、鳥羽院中に参って如法大般若経を書写してそれらを富士山に埋めたい、と訴えたところ、院を始めとして広く書写がなされ供養された後、富士上人に下賜されている(『本朝世紀』久安五年四月十六日条)。

この富士信仰の影響を受けた顕長が、渥美焼の壺に経論を納めて埋納することを考えたのであろう。銘文の顕長の次に見える「藤原氏 比丘尼源氏」は妻と母であって、「従五位下惟宗朝臣遠清」は三河の経営にかかわった目代と見られる。その埋めた時期は、富士信仰を考えれば、顕長の二度目の三河守の時期、すなわち久安五年(一一四九)四月から久寿《きゅうじゅ》二年(一一五五)の間ということになろう。

顕長は長く受領生活を続けてきたことで経済的には恵まれていても、その家のあり方から見て不遇な時期を過ごしていたといってよい。長兄の顕頼《あきより》は鳥羽院の近臣中の近臣として長承三年(一一三四)にはすでに中納言となっていた。そうしたところから『法華経』を埋納したのは、新たな出世、一家の繁栄を祈ってのものと見られる。

その祈りが通じたのであろう。雅仁が位について後白河天皇になると、中宮亮に任じられ急速に未来が開けてゆく。顕長は不遇な時期の雅仁を経済的に支えていたのであろう。やがて蔵人頭を経て参議・中納言となり、子の長方《ながかた》は日記を記すようになって待望の「日記の家」が再興された。

3　東国の動きと家をめぐる対立

平泉世界の展開

京で鳥羽院の宮廷が展開していた時期に、奥州平泉の世界はどうだったのであろうか。藤原清衡《きよひら》は白河院が亡くなる前年の大治三年（一一二八）七月十三日に七十三歳で亡くなったが（『中右記』）、その跡をめぐって二子の「基平・惟常」の間で合戦がおき、清衡の長男小館《こだて》は弟の「字御曹司」に攻められ越後に逃れたものの殺害されてしまう。

このことは後に上洛して検非違使源義成《よしなり》に再嫁した清衡の妻が語ったもので（『長秋記』）、清衡の子「基平・惟常」のうち「基平」が御曹司基衡《もとひら》であり、「惟常」が検非違使に嫁いだ女性の子の小館であったろう。

後継者争いに勝利し奥州の主となった基衡のその後の動きは、基衡が建立した毛越寺《もうつうじ》についての『吾妻鏡《あずまかがみ》』の次の記事から知られる。

毛越寺の事

堂塔四十余宇。禅房五百余宇也。基衡建立す。先《ま》づ金堂は円隆寺《えんりゅうじ》と号す。金銀を鏤《ちりば》め、柴檀赤木等を継ぎ、万宝交衆《きょうしゅう》の色を尽くす。本仏に薬師丈六、同じく十二神将を安んず〈雲慶これを作る。仏菩薩像に玉を以て入眼の事、この時始めての例なり〉。

講堂や常行堂・二階惣門・鐘楼・経蔵なども備わった本格的な寺院であり、この円隆寺を建てた際、「九条関白」忠通に額を、参議藤原教長には堂中の色紙形を書くように依頼したという。中央の貴族に依頼したところに京の王権への接近がうかがえ、円隆寺という寺号の「円」も後三条天皇の御願寺円宗寺を始めとする四つの御願寺(四円寺)に因んで名付けられたのであろう。

続いて基衡が毛越寺に造営した嘉勝寺《かしょうじ》は、白河天皇が創建した法勝寺《ほっしょうじ》を始めとする六つの御願寺(六勝寺)にならって名付けられている。この二つの寺は御願寺として造営されたのであり、基衡は莫大な富をこの造営につぎ込んだ。

円隆寺の本尊の造立では、仏師雲慶に依頼し、その支度として「円金百両・鷲羽百尻・水豹《あざらし》皮六十余枚・安達絹千疋・希婦《きふ》の細布二千反・糠部《ぬかのぶ》の駿馬五十疋・白布三千反・信夫《しのぶ》毛地摺千反」などのほかに山海の珍物を副《そ》えて送ったという。三年かけて仏像を造り終えたので、別禄と称して生美絹を船三艘に積んで送ったところ、仏師は小躍りして喜んだが、戯れに「喜びは極りないもののさらに練絹《ねりぎぬ》があったならば」と語るや、この報を使者から聞いた基衡は練絹も三艘に積んで送ったという。

この次第が鳥羽院の耳に入ってその仏像を拝したところ、その比類なさから洛外に出すなという宣旨が下されたので、これを聞いた基衡は心神度を失い、持仏堂に籠もって七日にわたり断食した上で関白忠通に訴え、その奏聞によってようやくに勅許を蒙ったという。

基衡はさらに毛越寺内に吉祥堂を建てたが、これも「洛陽補陀洛寺《ふだらくじ》の本尊」を模したものであって、京の寺院を模範として次々に寺院を建立していったことがわかる。京の王権からは明らかに独自の動きをとった清衡とは違っていて、それは列島をめぐる新たな情勢と深い関係があった。

東国の動き

奥州のみならず東国では源氏の武士の動きが急速に活発となっていた。源為義の嫡子義朝は東国に下って房総半島で成長し、康治二年(一一四三)には下総《しもうさ》の相馬《そうまの》御厨《みくりや》に介入して千葉常重《つねしげ》から所領を奪い取っているが、義朝は「上総曹司」と称されているので、上総《かずさ》の豪族の上総氏の庇護を得て育ったものと考えられる。

やがて相模の三浦氏に迎えられて鎌倉の亀谷《かめがやつ》に「楯《たて》」(館)を築くと、翌天養元年(一一四四)に相模の目代や在庁官人、三浦義継、中村宗平らの武士を隣接する伊勢神宮領の大庭御厨に乱入させ(『平安遺文』)、大庭氏を家人化していった。

義朝は京都と鎌倉を結ぶ東海道を往来するなか、鎌倉では三浦氏の娘との間に悪源太義平《よしひら》を儲け、遠江の池田の遊女との間には蒲冠者範頼《かばのかじゃのりより》を、尾張の熱田《あつた》神宮の大宮司の娘との間には頼朝《よりとも》を儲けるなど、東海道に勢力を広げていった。

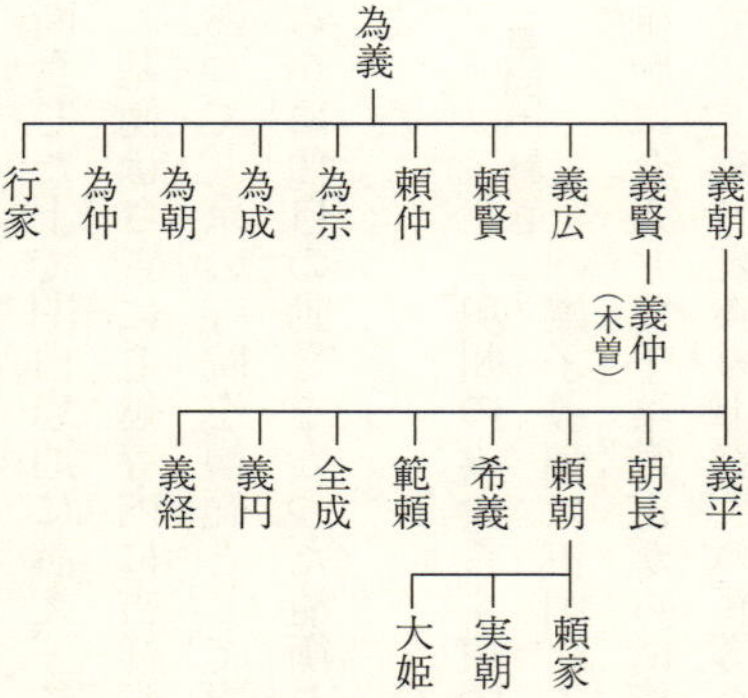

図3-8　源氏略系図②

同じ為義の子義賢《よしかた》は、保延六年(一一四〇)夏の頃におきた滝口の源備《そなう》と宮道惟則《これのり》との争いで惟則に同心して備を殺したことが発覚し、東宮の帯刀長《たてわきのおさ》の職を剥奪されて東国に下り、上野《こうずけ》国の多胡《たご》にあったが、武蔵の秩父氏に迎えられて武蔵の大蔵館に移ってきた。ところが鎌倉で育った義朝の長子鎌倉悪源太義平との間で覇権争いとなり、義平に攻め滅ぼされてしまい、義賢の子義仲《よしなか》は木曽に逃れて、そこで成長することになった。

ほかに上野の新田《にった》、下野《しもつけ》の足利《あしかが》、常陸《ひたち》の佐竹、甲斐《かい》の武田など源氏の貴種たちも東国に勢力を広げ、北陸の越後から会津にかけては平氏の城氏《じょうし》が勢力を広げつつあった。

こうした東国の動きとともに、豊かな平泉の世界にはその情報を聞きつけ、多くの勢力が接触を求めてきた。早くは陸奥守藤原師綱《もろつな》が陸奥国の公領の官物の増収を狙い、田地の検注《けんちゅう》を実施しようと動いてきて、その合戦をも辞さない態度に、基衡は折れて検注の実施を認めざるをえなかったという(『古事談』)。

『台記』康治元年(一一四二)八月三日条には、摂政の藤原忠通が源為義に命じて興福寺の悪僧を奥州に流したことが見えるが、その悪僧らに西行が平泉で会って歌を詠んでいる。

奈良の僧、とがの事によりてあまた陸奥国つかはされたりしに、中尊と申すところにまかり逢ひて、都の物語すれば、涙を流す、いと哀れなり、かかることはかたきことなり、命あらば物語にもせんと申て、遠国述懐と申ことをよみ侍りしに、

涙をば衣川にぞ流しつる　ふるき都を思ひ出つつ　(『西行法師歌集』四五三)

衣川は中尊寺のすぐ北を流れており、僧らはその衣川に涙を流し故京の奈良の都を思っているのであろう、と詠んでいる。衣川は康平《こうへい》五年(一〇六二)の奥州前九年の合戦での合戦場で、自然の壕《ほり》や渠《みぞ》をなしていたという(『陸奥話記《むつわき》』)。

とりわきて心もしみて冴えぞわたる　衣河みにきたるけふしも　（『山家集』一一三一）

武士出身の西行であれば、ここにはぜひとも訪れたかったのであろう。「河の岸につきて、衣河の城しまはしたる、ことがらやうかはりて、物を見る心《ここ》ちしけり」と感想を洩らしている。同じ頃、摂関家の藤原頼長は陸奥と出羽の荘園を父忠実から譲られると、基衡と交渉して荘園年貢の引き上げを求め、高鞍荘や本良荘では年貢の金の大幅な増徴を実現している（『台記』）。

東国や京からの諸勢力に応じつつ自らの勢力を拡大するにあたって、基衡はその方途を京の王権にならうことに求めたのであって、そのことは毛越寺の造営の経過に端的に現れているが、さらに毛越寺の構想にも認められる。

平泉世界の変化

中尊寺が山岳寺院であったのとは異なり、毛越寺は平場に立地し、前面に池が配置された伽《が》藍《らん》配置をとる（図3-9）。京においてこうした土地で思い起こされるのは法勝寺と仁和寺である。発掘によって明らかになった毛越寺の伽藍配置を見ると、南大門は十二個の礎石が並ぶまさに大型の門で、その北側の東西に広がる池には中島が築かれ、ここに架かる橋を渡って北岸に出たところに円隆寺の金堂があり、左右対称形の東西両廊がそれに付属している。すなわち南大門から大池、中島、そしてその先に楼がある東西両廊をもつ金堂からなり、法勝寺にならったものであろう。

問題は毛越寺という呼称である。円隆寺に加えて嘉勝寺が造営される段になって、広く全体を総合する寺院の名が求められ、毛越寺の呼称が付けられたのであろう。近くに毛越《けごし》という地名があるのでその地名からと考えられてきたが、このような小字を名称に付けた寺はこの時期にはなく、毛越寺の御願寺という構想に照らしても相応しくない。毛越寺が先にあって毛越の地名が生まれたのであろう。

図 3-9　毛越寺内の円隆寺跡(奥)と池

寺伝によると、嘉祥三年(八五〇)に慈覚《じかく》大師が東北を巡って来たとき、白い毛の鹿に導かれ山を越えて霊地を得たことから建立して薬師如来を安置した寺であり、医王山毛越寺と号し、年号によって嘉祥寺と称したともいう。これは嘉勝寺の衰亡と毛越の小字などから後世に作られた伝承であろう。

この時期に奥州藤原氏の勢力が陸奥・出羽から出て、関東や北陸に及んでいたことを考えるならば、「毛」とは毛の国こと上野・下野国を、「越」とは越の国こと越後・越中・越前国などの国々を意味していたと考えられる。下野に広がる藤原氏は秀郷《ひでさと》流の同族、越後から北陸道にかけては奥州藤原氏と京を結ぶルートであった。

毛越寺の鎮守が「惣社《そうじゃ》・金峰山《きんぷせん》、東西に崇め奉る也」とあるのも注目される。惣社は各地の有力な神を勧請した神社のことで、諸国の惣社の場合は国の鎮守としてその国内の神を勧請していた。京にある仁和寺や法成寺の鎮守も惣社であった(『長秋記』『吉記』)。毛越寺の惣社には、陸奥・出羽国のみならず、毛の国と越の国に所在する有力神社の神も勧請されていたのであろう。もう一つの鎮守の金峰山は、蔵王権現《ざおうごんげん》への信仰が修験とともに北陸道から奥州・出羽に広まっており、その弥勒《みろく》信仰との関わりもあって勧請されたものと見られる。

基衡の王権は、清衡が東方の仏国土の支配者の立場を示していたのとは異なって、京の王権を模して奥州の支配者としての立場を示すものである。こうした変化は新たな列島の情勢に基づいており、それとともに平泉は都市として発展を遂げることになる。

家の継承をめぐる争い

都では皇位継承を求める崇徳院と美福門院の二つの思いが競りあうなか、それと密接に絡んできたのが摂関家の内紛である。前関白の藤原忠実は子の関白忠通と不仲になると、不遇な時期に手元で育て寵愛していた末子の左大臣頼長を後継者に考えるようになり、そこから忠通・頼長兄弟の争いが生まれた。

「日本第一ノ大学生」と称された頼長は学問に熱心に取り組み、律令を学んでその体制の復活を望むようになって、執政への意欲を強めてゆき、ついに父を動かし、久安六年(一一五〇)に兄の氏長者《うじのちょうじゃ》の地位を奪い取ることに成功した。

ついで天皇に奏上する前にあらかじめ文書を見る内覧《ないらん》の権限を鳥羽法皇に迫って、与えられたので、摂関と内覧の臣が両立することとなった。このようにひとたび生まれた家の実権をめぐる争いは貴族や武士の家でもおきていた。源氏では源為義と嫡子の義朝との間で、平氏では忠盛と兄弟の忠正《ただまさ》との間でおき、崇徳・頼長派と美福門院・忠通派に分裂する様相を帯びるようになった。

仁平《にんぺい》元年(一一五一)九月、忠通は弟頼長が近衛天皇の譲位を企てていると鳥羽法皇に訴え、翌年九月には天皇の眼病の悪化を理由に雅仁の子守仁《もりひと》への譲位を奏上した。法皇は守仁が仁和寺の覚性《かくしょう》法親王のもとに入室していたことからその訴えを取り上げなかったが、それでも忠通は美福門院と結んで守仁擁立へと動くなか、雅仁の皇位継承へと動いたのが信西である。とはいえ雅仁については、「イタクサタダシク御アソビナドアリテ」と遊びに狂って

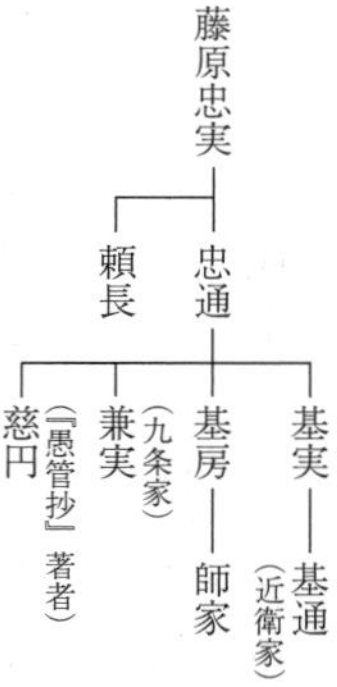

図 3-10
摂関家系図

いるという評判があって、法皇の心証がよくなく(『愚管抄』)、天皇の器ではないと見なされていた。

久寿二年(一一五五)七月二十三日、近衛天皇が十七歳の若さで亡くなると、その知らせを受けた法皇は側近を召して、新帝を誰にするかを審議させた。すぐには決まらず、美福門院の娘八条院を推す意見も出されるなか、一日おいて、守仁の父の雅仁を立てることと定まり、皇太子には守仁が立てられた(後の二条天皇)。父を差し置いて子を帝位につけるのはよくないという信西らの意見が通ったのであろう。

図らずも雅仁は即位したのだが(後白河天皇)、中継ぎの立場は歴然としていたから、その後をめぐって争いがおきはじめ、やがて聞こえてきたのが、頼長が近衛天皇を呪詛していたという風聞であり、京を中心に不穏な動きがおきていた。

乱前夜の清盛

久寿元年(一一五四)になり諸国から農作物の被害の報告が届き、四月に京中の児女が風流で身を飾って、鼓笛の音にあわせて「やすらい」の囃子で踊りながら、紫野の今宮社に向かう事件がおきた。翌二年には飢饉となって、それとともに武士の活動が盛んになった。四月に源氏の武士為朝が鎮西で濫行を働いたとして訴えられ、その責任をとって父為義が解官され、八月には東国に下っていた為義の子義賢が義朝の子義平に滅ぼされる事件もおきた。

こうしたなか久寿三年(一一五六)四月、鳥羽法皇の病気が重くなった。五月頃から危篤の状態が続いて、それとともに生じた不穏な情勢から、保元元年に改元されたその五月、死を予期した法皇は源義朝・義康《よしやす》らの武士に臣従を誓わせる祭文《さいもん》を書かせて、禁中の警護を命じた。『保元物語《ほうげんものがたり》』によれば、法皇の生前の指示により内裏を守る警護の武士の名簿がつくられたが、そのなかに平清盛の名がなかったところ、美福門院が特別に法皇の遺言であると言ってその名を載せたという。清盛の亡き父である忠盛は崇徳院の乳母夫《めのと》であったという関係もあって、このままでは崇徳方につく可能性があっての措置であったという。

これより前、清盛は久安三年(一一四七)に祇園社に向けて田楽を調進した際に祇園社との間で闘乱事件がおきて罪を蒙り、代わって義母弟の家盛《いえもり》が頭角をあらわしたが、久安五年(一一四九)二月十三日に鳥羽法皇の熊野御幸に家盛が病にもかかわらず同行して亡くなってしまい、これによって清盛の平氏一門における立場は安泰になった。同年五月十二日に高野山の根本大塔が焼失したことから、その造進を命じられた忠盛は、七月九日に造営の事始《ことはじめ》を行ったが、父に代わって清盛が登山して代官として臨んでいる。

さらに仁平元年(一一五一)二月二日に清盛は安芸守《あきのかみ》になったが、この時に高野山で材木を手にしていたところに僧が現れ、「日本の国の大日如来は伊勢大神宮と安芸の厳島《いつくしま》である」と告げた後、伊勢大神宮は「幽玄」で恐れ多い故、「汝は国司でもあるから早く厳島に奉仕するように」と述べて姿を消したという。大塔の本尊は大日如来であり、現れた僧については弘法大師の化身と考えたのであろう。

その後、清盛が神拝のために厳島社に赴くと、巫女が託宣し、清盛が従一位の太政大臣にまで昇り、供の後藤太能盛《よしもり》も安芸守になろう、と予言したという(『古事談』)。ここに清盛は武家政権へと進むことを夢に見るようになり、仁平三年(一一五三)正月十五日に忠盛が五十八歳で亡くなったことから、平家の家督を継承し、保元の乱に臨むに至ったのである。

このように鳥羽院政の展開とともに、にわかに地方の動きが活発となってきて、それが中央へと波及し、ついには都を舞台とする戦乱をもたらすことになったのである。

第四章　武者の世と後白河院政

1　保元・平治の乱

保元の乱

保元《ほうげん》元年（一一五六）七月二日に鳥羽法皇が亡くなると、院の生前の指示に沿って葬儀は院の執事別当であった藤原公教《きんのり》と信西《しんぜい》により執行された。その三日後に崇徳《すとく》上皇が藤原頼長《よりなが》と同心し軍兵を発し皇位を奪おうとしているという噂が立ち、禁中の警護が強化され、検非違使《けびいし》らに京中の武士の動きを警戒するように命じられた。

この情勢において主導権を握ったのが信西である。後白河を皇位につけたものの、あくまでもそれは中継ぎの天皇であるから、その不安定な立場を強固なものにする必要があった。そのためには実力によって存在感を示さねばならず、当面の敵対勢力を実力によって葬るのがよい、と考えたのであろう。

七月八日、藤原忠実《ただざね》・頼長父子が諸国の荘園から軍兵を集めたとして、これを固く停止する綸旨《りんじ》（天皇の命令）を諸国に出すとともに、摂関家の氏長者を象徴する邸宅の東三条殿を没収した。ここに頼長の氏長者の権限が否定され、上皇・頼長も対処せざるをえなくなった。とはいえ頼りとなる武力は極めて少なく、上皇側は武力で現今の情勢を覆そうとまでは考えていなかったであろう。しかし崇徳上皇が鴨川の東の白河御所に入ると、挙兵したものと見なされ、天皇の御所である高松殿に軍勢が集められ、源義朝《よしとも》・平清盛《きよもり》・源頼政《よりまさ》らの軍勢で膨れ上がった(『兵範記《へいはんき》』)。

七月十日に清盛と義朝の二人が朝餉《あさがれい》の間に召され、合戦の方策を申すように命じられると、翌日に義朝が夜討ちを進言した。これには兵法に背くという意見も出されたが、信西がそれを受け入れたという(『愚管抄』)。

こうして都はかつてない戦乱の巷となった(保元の乱)。義朝の家人たちは日頃は私合戦のため追捕《ついぶ》の対象となることが多かったから、晴れて都大路で思う存分に戦った。三つの大路から鴨川を渡って攻め寄せる天皇方の派遣軍の前に、上皇方の源為義《ためよし》や平忠正《ただまさ》の軍勢が応じたが、源為朝《ためとも》の奮戦も空しく、火を放たれた白河御所は焼け落ちて上皇・頼長は逐電した。

清盛以下の大将軍が高松殿に帰参したところに、頼長が流れ矢に当たって死去したという報が入った。「日本第一ノ大学生」と謳われた頼長も、武士の力の上昇をよく認識していなかったことになる。崇徳上皇は仁和寺に逃れたものの、やがて讃岐に流されており、上皇の配流《はいる》もこれまでにはない措置であった。

この前年に生まれた関白藤原忠通《ただみち》の末子の慈円《じえん》は、『愚管抄』に次のように記している。

保元元年七月二日、鳥羽院ウセサセ給テ後、日本国ノ乱逆ト云コトハヲコリテ後、ムサノ世ニナリニケルナリ。

日本国がこれ以後、「武者の世」となったというこの認識は貴族層に共通したものであって、保元の乱の衝撃は大きく、時代は武士の世へと着実に動いてゆくことになった。

九州の地は一人のたもつところなり

白河・鳥羽院政期を通じて院の権力が諸階層に優越するなか、天皇家と摂関家とが天皇を介して対立を含みつつも連携するシステムが生まれ、貴族間に家が成立してきたのだが、その政治と家の主導権をめぐる対立が激化し、これを解決する手段として武士の力が用いられたのである。

すぐに「王臣ミヤコノ内ニテカカル乱ハ鳥羽院ノ御トキマデハナシ。カタジケナクアハレナルコトナリ」（『愚管抄』）という都を舞台とした戦乱を踏まえて、新たな政治が信西により推進されてゆく。後白河天皇方の勝利に終わりその地位も安定したことから、信西は天皇を押し立てて政治改革を進めていった。

嵯峨《さが》天皇（在位八〇九―八二三）の時から途絶えていた死刑を復活し、清盛が六波羅《ろくはら》辺で叔父の平忠正らを斬り、源義朝が父為義らを船岡《ふなおか》辺で斬ったが、『百練抄《ひゃくれんしょう》』はこれを「信西の謀」と記している。この死刑復活は実力で敵対者を葬る考え方を公的に認めたことになる。

次に天皇家の直轄領（後院領《ごいんりょう》）の充実を図った。後院領には日宋貿易の拠点となっていた肥前の神崎荘など重要な荘園があったが、そこに藤原頼長の知行《ちぎょう》していた金を年貢とする陸奥《むつ》や出羽《でわ》の荘園などの乱没収所領を編入し、鳥羽院から譲られた荘園の少なかった後白河天皇の経済基盤を広げた。

さらに国政改革の第一弾として、荘園整理令を軸とする保元の新制を保元元年（一一五六）閏《うるう》九月十八日に出した。七か条からなるこの新制の第一条には「九州の地は一人のたもつところなり。王命のほか、何ぞ私威を施さん」とあって、「九州の地」（全国）が天皇の支配に服すべき王土であると宣言し（王土思想）、荘園整理の断行を命じた。

鳥羽院政では出されてこなかった全国的な荘園整理令をこの時期に出したのは、荘園が広く全国に生まれて多くの争乱がおき、諸国で国務の遂行をめぐって紛争が生じていたからである。その整理の眼目の一つは、後白河天皇が践祚《せんそ》した久寿《きゅうじゅ》二年（一一五五）七月二十四日以後に立てられた荘園を停廃止することであり、もう一つは、もともと年貢の免除されていた土地以外の加納《かのう》や出作《でさく》に基づく荘園を停止することにあった。

これまでの荘園整理令の基準が、延久の整理令に基づいていたのと比べ、大きな転換であって、現実の動きにあわせ、成立した荘園をも天皇支配の下に組み込み、王権の下に諸権門を統合し、その命令に従わせようとしたのである。

このことは第三条以下で、神社に仕える神人《じにん》や寺院の悪僧を取り締まり、諸山・諸社の荘園や神仏事を保護し統制したことにも示されている。院家《いんげ》や門流《もんりゅう》が生まれ、それが弟子に伝えられるようになっていたので、悪僧の召喚については師主に命じている。後三条天皇に始まる荘園公領制が展開するなか、白河・鳥羽の両院政期を経てここに国制として示されるに至り、その枠組みのなかで以後の政治は推移してゆくことになった。

戦乱の地となった都も整備された。「都の大路をも鏡のごとく磨きたてて、つゆきたなげなる所もなかりけり」（『今鏡』）とあるように、武装して都を横行することが禁じられ（『百練抄』）、東西の大路と大路の間の保《ほう》を管轄する保検非違使（保官人）が置かれ、保の行政や裁判を担当した。検非違使は武士を任じる追捕の官人と、「道志《どうし》」と称される明法道の法曹の官人とで構成されていたので、保官人には法曹の官人があてられた。

文化による統治

保元の乱の翌年六月に開かれた祇園御霊会《ぎおんごりょうえ》では、戦乱の影響で馬長《うまおさ》が調進されなくなったことから、それを補うために祭礼の経費を京中の有徳人《うとくにん》（富裕者）が負担する馬上役《ばじょうやく》という制度を導入した。かつて白河院は祇園御霊会の興行に力を入れたが、ここにおいて広く民間の力により華やかさが演出されるようになった。

さらに信西は「公事は大内こそ本なれ」（『今鏡』）と、大内裏《だいだいり》（宮城）の復興にも取り組んだ。『愚管抄』が「メデタクメデタク沙汰シテ、諸国七道スコシノワヅラヒモナク、サハサハト二年ガ程ニツクリイダシテケリ」と語っているように、寝ずの努力により、諸国の国力に応じ費用を割りあてて造営が果たされた。

保元二年（一一五七）十月に大内裏が完成し行幸があったが、これについて『今鏡』は、皇后や中宮、東宮やその女房たちが殿舎をあたえられ、「中ごろかばかりの政なきを、千代に一度澄める水なるべし」と、人々がこのような政治は見たことがないと讃えたという。

その殿舎や門の額は関白忠通が書き、宮の造営を担った七十二人に位があたえられ、そのなかでは信西の子藤原成憲《なりのり》（後に成範）・修憲《ながのり》（後に修範）や、平氏の播磨守《はりまのかみ》清盛（代わりに重盛《しげもり》）、安芸守頼盛《あきのかみよりもり》、淡路守教盛《あわじのかみのりもり》、常陸介経盛《ひたちのすけつねもり》、源氏の下野守《しもつけのかみ》源義朝などが位を上げ、平氏は四か国を知行して経済力は抜群となっていた。かつて渥美焼の壺に一家の祈りをこめて経を収めて埋めた藤原顕長《あきなが》は三河・丹波領国を知行して、従四位上となっている。

『年中行事絵巻』は保元の乱後に整えられた都の風景を描くが、そこには祭礼空間となった都の大路・小路の道に沿って生まれた街区とそこでの賑わいが示されている。大内裏の整備とともに多くの行事が再興され、あるいは新たに開かれた。断絶していた時計の漏刻器《ろうこくき》が置かれ、

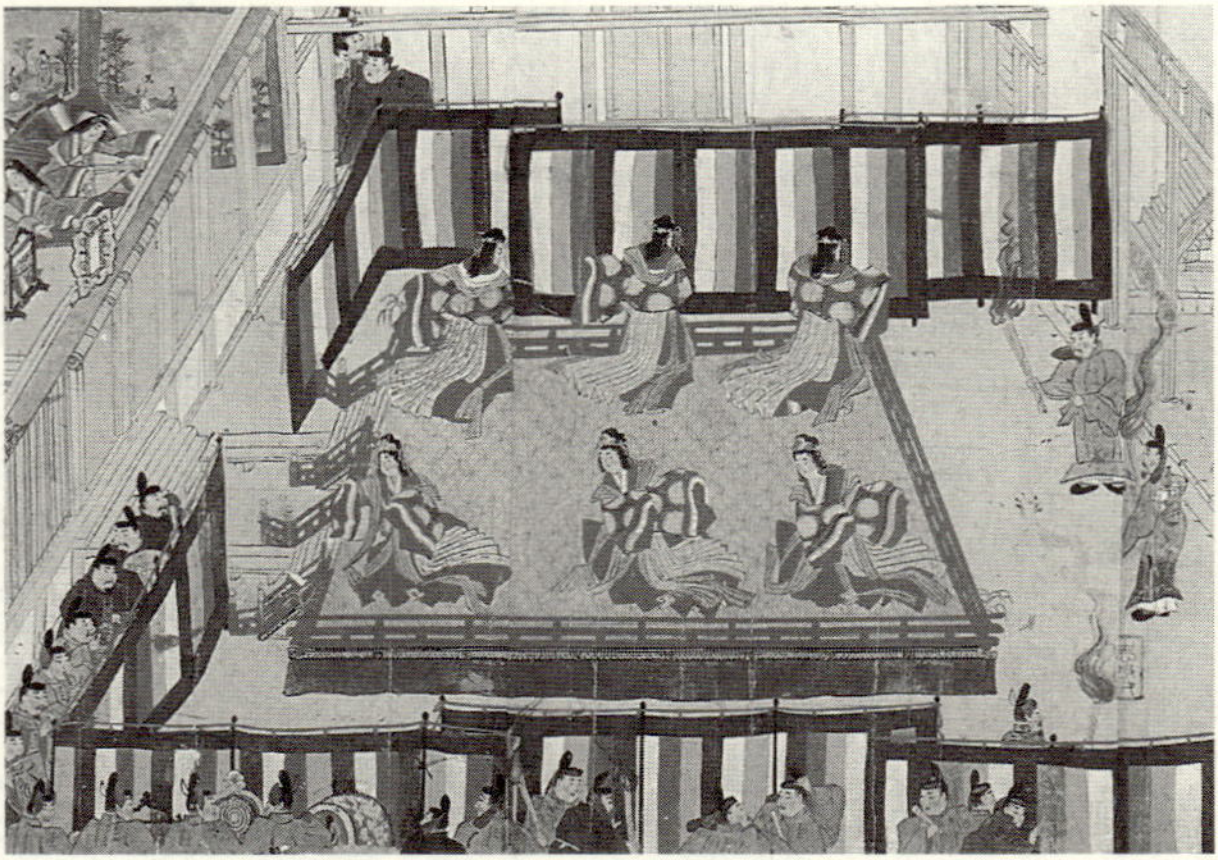

図4-1　内宴における舞(『年中行事絵巻』)

大極殿で新たに仁王会《におうえ》が開かれるなど、次々に華麗な行事や公事が催行されたが、その最たるものが翌年正月の宮中の内宴《ないえん》の復活である。

　内宴は九世紀の弘仁《こうにん》年間に始まった天皇主催の私宴であって、十一世紀初頭から途絶えていたのを復活させた。保元三年(一一五八)正月二十二日、「春は聖化の中に生まる」の題で文人が天皇に漢詩を献呈し、続いて管絃・舞などの御遊が華やかに行われた。内宴が途絶していたのは、貴族の詩文の力が衰え、内教坊《ないきょうぼう》の舞姫が衰退したことによるものであったが、この二つを愛好した信西が復活を図ったのである。

　このときは舞姫は間に合わず、仁和寺の童による童舞《わらわまい》で急場をしのぐと、翌年正月二十一日の内宴には舞姫を育成して実現させたが、その内宴の華麗で上品な様は「陽台の窈窕《ようちょう》」と評され（『百練抄』）、この様子は『年中行事絵巻』に描かれている（図４－１）。

ただ、その後の信西の失脚とともに内宴は再び途絶えてしまう。しかし信西が女舞《おんなまい》を復活させるために努力した結果、女舞は白拍子舞《しらびょうしまい》として展開してゆき、信西の教えを受けた磯禅師《いそのぜんじ》がその芸を娘の静《しずか》に伝えたことを『徒然草《つれづれぐさ》』が語っている。

紛争の火種

信西の辣腕により政治が進められるなか、乱を経て二年後ともなると、抑えられていた諸勢力が頭をもたげてきた。なかでも後白河天皇に中継ぎの天皇を認めてきた美福門院が、その退位を求めてきた。この結果、「仏と仏の沙汰」という美福門院と信西との遁世者同士の話し合いがあって（『兵範記』）、保元三年（一一五八）八月十日に後白河天皇が譲位し、守仁が即位（二条天皇）、後白河院政が始まることになった。

後白河院庁が開かれると、大納言藤原経宗《つねむね》・左兵衛督《さひょうえのかみ》藤原信頼《のぶより》、三位平範家《のりいえ》の三人が院別当となり、遅れて八月十七日に内大臣藤原公教、按察使《あんさつし》藤原重通《しげみち》、参議藤原惟方《これかた》、参議藤原顕長、蔵人頭《くろうどのとう》藤原俊憲《としのり》、中将藤原成憲らが院別当になった。

二条天皇の即位によって、さらに天皇親政を求める勢力が台頭してくるとともに、院近臣のなかにも家を興す動きが広がった。「院の男のおぼえ」と上皇の寵を得ていた藤原信頼は諸大夫の家の藤原忠隆《ただたか》の子で、保元二年(一一五七)三月二十六日に武蔵守から右中将《うちゅうじょう》に任じられ、十月には蔵人頭、翌年二月には参議に任じられるなど、目覚しい出世を遂げて公卿《くぎょう》の仲間入りをした。

信西は人事権を掌握して、子息を要職につけた。長子の俊憲は蔵人頭から参議に昇進し、貞憲《さだのり》は権左中弁《ごんさちゅうべん》、是憲《これのり》は少納言、院の乳母紀伊との間に生まれた子成範は中将で播磨守、修範は左少将で美濃守になった。俊憲は家に蔵人頭になった人物がいなかったため、蔵人頭の故実を先達に尋ねて、それを『貫首秘抄《かんじゅひしょう》』に著し、弁官《べんかん》の故実を『新任弁官抄』に著したほどの勉学家であった。『平治物語』は、信西が信頼の大将の望みを阻止したことから、信頼の恨みをかい平治の乱がおきたと指摘している。

信頼の大将の望みを聞いた信西は、唐の玄宗皇帝の物語『長恨歌《ちょうごんか》』を絵巻に描いて後白河上皇を諫《いさ》めたという。その絵巻に付けられた平治元年(一一五九)十一月十五日の信西自筆の書状には、後代の帝王は必ずこれを見るべきであり、福貴は常ならず、栄楽は夢のごときものと知るべきである、と記されていたという(『玉葉《ぎょくよう》』)。また、信西は上皇のことを次のように評していたという。

和漢の間に比類無き暗主なり。謀反の臣傍らに在るも、一切覚悟の御心無し。人がこれを悟らせ奉ると雖《いえど》も、猶《なお》以て覚えず。

近臣に謀反をおこす人物がいても上皇はこれに全く気づかず、知らせてもそうは思わない、これほどの愚昧《ぐまい》な君主は古今にない、と語っていたというのである。

こうして政治の実権を急速に握った信西に対する院近臣の反発、二条天皇の親政を求める動きなどがあわさって政局は進み、その際に信頼は武力を源義朝に頼んだ。義朝は保元の乱での活躍のわりに信西からの評価が低く、平氏一門が朝廷に進出するなかで取り残されていた。信頼は摂関家とは姻戚関係を結んでおり、挙兵しても事は首尾よく運ぶものと考えたと見られる。

信西は上皇の好きな今様のために今様の名手の遊女乙前《おとまえ》を見つけて殿上での交流を実現するなど、何かと上皇の身の回りに気をかけてきたが、それだけに信西に頭のあがらない上皇の動きを見て、信頼は信西を退けても了解がえられると踏んだのであろう。

平治の乱　保元四年(一一五九)は四月二十日に改元された。その平治元年の十二月九日、平清盛が熊野詣に赴いた隙をついて、藤原信頼は源義朝を誘って兵を挙げ、三条烏丸《からすま》の院御所を襲って火を放ち、後白河上皇を大内裏の一本御書所に移した(平治の乱)。『平治物語絵巻』にはこの三条殿の焼き討ちの場面が印象的に描かれている(図4-2)。

信西が宇治田原に逃れてそこで自殺を遂げたことから、信頼は早速に除目《じもく》(官職の任命)を行

図 4-2　三条殿焼き討ち(『平治物語絵巻』)

って義朝を四位に、義朝の子頼朝《よりとも》を右兵衛権佐《うひょうえごんのすけ》になすなど政治の実権を握った。しかし成り上がり者であるとして信頼に不信感をもち、上皇の政治にも危機感を抱いていた旧勢力は、この行動を支持しなかった。

信西とともに鳥羽院に仕え、記録所の運営にあたってい た内大臣の藤原公教を中心に打開策が練られ、二条天皇の側近を取り込み、熊野詣の最中にあった平清盛が六波羅に帰還するのを待って、そこに天皇を迎え入れた。

清盛は熊野詣を急遽切り上げ、六波羅に戻ると信頼に付けていた家人を信頼と交渉して引き取り、摂関家の忠通・基実《もとざね》父子も六波羅に入った。こうして信頼・義朝追討の宣旨《せんじ》が出され、源平対決の合戦となった。義朝の軍が六波羅を目指して突進してきた時の清盛の勇姿が『平治物語』には次のように描かれている。

大将軍清盛はひた黒にさうぞきて、かちの直垂《ひたたれ》に黒革おどしの鎧《よろい》にぬりのの矢おいて、黒き馬に乗て御所の中門廊に引よせて、大鍬形《おおくわがた》の甲《かぶと》取て着て、緒しめ打出ければ、歩武者《かちむしゃ》の侍二三十人馬にそひて、走りめぐりて、物さはがしく候、見候はんと云て、はたはたと打出けるこそ、時にとりてよにたのもしかりけり。

信頼の孤立は明らかとなり、信頼は後白河上皇に助けを求めたが、その途中で捕まって処刑されてしまい、平家軍に敗れた義朝一行も都を落ち行く途中で、義朝が尾張で家人に討たれ、嫡子の頼朝は捕縛されてやがて伊豆に流された。

乱はあっけなく終わり、十二月二十九日、合戦の恩賞の除目により、平頼盛が尾張守に、平重盛が伊予守に任じられたほか、遠江守の平宗盛《むねもり》、越中守の平教盛、伊賀守の平経盛など、平氏の知行国は乱前の五か国から七か国に増え、清盛の政治的地位は不動のものとなった。しかし火種が消えたわけではない。

平治の乱を経て後白河上皇が院政の復活を試み、二条天皇も親政を望んだことから、両勢力が相争うことになったからである。上皇が翌年正月六日に八条堀河の藤原顕長の邸宅に御幸した際に事件はおきた。その邸宅の桟敷から上皇が大路を見ようとした時、天皇側近の藤原経宗・惟方が堀河にあった材木で桟敷を外から打ち付けようとしたという。

この所行が院に国政を沙汰させず、親政を画策したものという噂が上皇に伝わったことから、怒った上皇が、清盛を召し「ワガ世ニアリナシハ、コノ惟方・経宗ニアリ、コレヲ思フ程イマシメマイラセヨ」と、二人を捕縛して戒めを加えるように命じた(『愚管抄』)。

惟方は二条天皇の乳母子《めのとご》、経宗は上皇の旧妻の兄弟であっただけにその憎しみは激しく、二月二十日、上皇の命を受けた清盛が二人を搦め取り、内裏に御幸した上皇の前に引き据えて責めたて、翌日、配流中の信西子息を召還した上で、三月十一日に経宗を阿波国に、惟方を長門国に流し、さらに六月には信西の首級をあげた源光保《みつやす》・光宗《みつむね》の二人も謀反の疑いで薩摩国に流すなど、二条天皇の有力な廷臣を相次いで退けていった。

2　武家権門の成立

清盛の「アナタコナタ」

平清盛は乳母夫として二条天皇を支え、平治元年(一一五九)には大宰府を知行しての受領功により、上皇の命で白河に千体阿弥陀堂を造営するなど上皇も支えていたので、上皇・天皇の両勢力から頼みにされており、永暦《えいりゃく》元年(一一六〇)六月に三位になり、念願の公卿に昇進した。

八月五日に安芸の厳島《いつくしま》社に「年来の宿願」と称して赴き、公卿になった喜びを伝えると、その六日後には政治に参画する参議にも任じられ、ここに平家は朝廷を守護する武家権門として位置づけられた。『愚管抄』が清盛について「時ニトリテ、世ニタノモシカリケリ」と記しているのはこの点をよく捉えたものであり、武家に支えられた朝廷のあり方も示している。

やがて上皇と天皇の争いも一段落し、両者の関係は波乱含みながら安定したものとなって、「院・内、申シ合ツツ同ジ心ニテ」と称されたように共同して国政に関わる二頭政治が行われるようになり、それを武力の面では清盛が、政治の面では摂関が支えた。

両主による二頭政治が行われるなか、後白河上皇は東山の法住寺《ほうじゅうじ》境内を囲い込んで次々と殿舎を建てていった。かつて白河院が白河に造営した法勝寺《ほっしょうじ》を中心とする御所や、鳥羽に造営した広大な鳥羽離宮を念頭に置き、離宮を造営していったのであろう。

この法住寺御所には鎮守として、近江の日吉社を勧請して新日吉社を、紀伊の熊野社を勧請して新熊野社を建てると、永暦元年(一一六〇)十月十七日に上皇は新熊野社で熊野参詣のための精進を始め、三井寺《みいでら》の覚讃《かくさん》法印を先達に平清盛らを供として十月二十三日に初度の熊野御幸に出発した。清盛を取り込み、熊野詣を無事に行って国政を掌握する立場を示そうという狙いであった。

その熊野御幸の最中、病にあった美福門院の容体悪化の報が入ったので、後白河上皇は急ぎ熊野から帰還したが、十一月二十六日に帰らぬ人となった。鳥羽院の遺言では鳥羽殿に隣接して築かれた鳥羽院の墓に入るように美福門院には求められていたのだが、女院は高野山に遺骨を納めるように命じて生涯を閉じたという。

美福門院の死により、後白河上皇はその重しから解放されたが、女院の養子であった二条天皇は大きな打撃を受けることになった。ただ『今鏡』が「末の世の賢王におはします」と評したように、「愚昧」と称された父とは違い、学問に秀でて和歌をよくし、漢詩にも造詣が深かった上に、政治的な支えもあった。忠通の引退後に関白になった子の基実が天皇の政治を全面的に補佐し、太政大臣の藤原伊通《これみち》が政治の意見書『大槐秘抄《たいかいひしょう》』を提出して支えていた。

平清盛も天皇の乳母夫の立場で支えていたが、『愚管抄』は、清盛が天皇に奉仕したのは後白河上皇の治世に危惧を抱いて用心していたからである、と指摘している。その清盛は翌応保元年(一一六一)正月に検非違使別当になって京都の警察行政を掌握し、九月十三日に中納言に昇任しており、その後見と武力とを背景に二条天皇は国王を檀越《だんおつ》とする鎮護国家の寺院である東大寺の興隆を期し、造東大寺長官を任命するなど政治への意欲を示していった。

それとともに両主の対立が深まり、『平家物語』の「二代の后」の章が「永暦・応保の比《ころ》よりして院の近習者《きんじゅしゃ》をば、内(天皇)よりいましめあり。内の近習者をば、院よりいましめらるる間、上下おそれをののいて、やすい心なし。ただ深淵にのぞむで、薄氷をふむに同じ」と記しているように、相互に解官《げかん》や配流などの戒しめ合いがあり、近臣たちが恐れおののく緊張関係をはらむ事態となった。

そのなかで清盛のみその地位に揺るぎがなかった。二条天皇の乳母夫として、後白河院庁の別当として、二人の君に奉仕していた清盛の動きについて、『愚管抄』は「清盛ハヨクヨクツツシミテ、イミジクハカラヒテ、アナタコナタシケルニコソ」と記している。「アナタコナタ」とは、清盛が二人の君に仕え盤石の体制を築いていたことを意味していた。

院政の停止と蓮華王院

二条天皇との対立のなか、後白河上皇は清盛の妻の妹で、姉上西門院《じょうさいもんいん》に仕えていた滋子《しげこ》(小弁局、後の建春門院)を寵愛して、応保元年(一一六一)九月三日に皇子を儲けると(憲仁《のりひと》)、最愛の女性に皇子が生まれたこともあって、これを契機に治世への意欲をいよいよ深めてゆく。それとともに院近臣が動いた。

皇子誕生直後の九月十五日に院近臣の平教盛と右少弁平時忠《ときただ》とが二条天皇によって解官されている。『愚管抄』には、「ユユシキ過言」により解官されたとあり、『源平盛衰記《げんぺいじょうすいき》』には、生まれた皇子を皇太子に据えようとはかったことが天皇の逆鱗に触れたとしている。

上皇周辺の動きに危機感をおぼえた天皇は、ついに上皇の国政への介入を拒否して院政を停止してしまう。『愚管抄』が「主上(二条天皇)世ノ事ヲバ一向ニ行ハセマイラセテ」と記しているように、二条天皇は親政へと踏み切ったのだが、この情勢下で清盛は天皇の押小路東洞院《おしこうじひがしのとういん》の内裏に武士を派遣し、宿直《とのい》して警護する体制を整えた。

押小路東洞院ニ皇居ツクリテオハシマシテ、清盛ガ一家ノ者サナガラソノ辺ニトノヰ所ドモツクリテ、朝夕ニ候ハセケリ(『愚管抄』)

この内裏は応保元年十一月に上棟し、翌年三月二十八日に行幸があったもので、そこに宿直所を設けて武士たちを詰めさせ警護する体制をしいたのである。後々まで続く、武家が皇居を守る内裏《だいり》大番役《おおばんやく》の成立を意味している。こうして二条天皇は清盛を優遇し、その後見を背景に政治的基盤を固めていった。

失意の後白河上皇は、応保二年(一一六二)二月、熊野の本宮・新宮・那智の三山に詣でると、三日ずつ籠って千手経を転読《てんどく》していたが、その十二日、新宮に参って千手経を読んでいたところ、神体の鏡が輝いたので「あはれに心澄みて、涙が止まらず」再び千手経を読んだ。礼殿の前には那智の神が祀られ、その本地が千手観音であったことから千手経を読んだのであり、さらに上皇は千手観音を讃える次の今様も謡った。

よろづのほとけの願よりも　千手の誓ひぞ頼もしき

枯れたる草木もたちまちに　花さき実なると説いたまふ

この歌を繰り返し何度も謡い、神が訴えを了解してくれたものと思い知った上皇は、院政復活の手ごたえを覚えたのであろう。都に戻るや、この時の奇瑞から千手観音を本尊とする蓮華《れんげ》王院《おういん》(三十三間堂)を法住寺殿御所に付属して造営した。その名の蓮華王とは千手観音の別称である(図4-3)。

図 4-3　三十三間堂，千体千手観音像

『愚管抄』は「後白河院ハ多年ノ宿願ニテ、千手観世音千体ノ御堂ヲツクラント思召《おぼしめし》ケルヲバ、清盛ウケ玉ハリテ備前国ニテ造リマイラセケレバ」と記しており、清盛は備前国を知行してその受領功により造営したのであって、家督の重盛がこの賞によって長寛《ちょうかん》二年(一一六四)に正三位となり、公卿の仲間入りをした。

さらに上皇は蓮華王院をはじめとする御願の寺院や神社の費用にあてるため、荘園・所領を寄進していった。永暦二年(一一六一)正月に河内・相模・伊予の三つの荘園を後白河院庁下文《いんのちょうくだしぶみ》で法住寺の鎮守である新日吉社の所領となし、翌二月には同じく院庁下文で法印昌雲《しょううん》が寄進した長門《ながと》の荘園を新日吉社領となしている。永万《えいまん》二年(一一六六)には、院庁下文によって清盛の子重衡《しげひら》が寄進した備後国の大田・桑原郷を大田荘としているが、これは名目的に重衡の名で寄進されたものであり、実際の土地の権利は清盛が握っていた(『高野山文書』)。このように平氏や院近臣の仲介により後白河院領が急増し、上皇の経済的基盤は飛躍的に拡大した。

院政の復活と平氏政権

蓮華王院には荘園が寄せられただけでなく、宝蔵が造られて宝物が集められた。その宝蔵のコレクションは様々に及び、琵琶・琴・笙《しょう》・笛などの楽器、帯などの衣装、仏像や典籍、太刀・剣などの武具、『年中行事絵巻』などの絵巻物等々国内外から集められたが、その宝物を求めて清盛は日宋貿易を推進したのである。

そうしたなかで二条天皇の政治を支えていた藤原伊通が長寛三年(一一六五)二月に亡くなると、その頃から天皇も病にとりつかれるようになり、「よき人は時世にもおはせ給はで、久しくもおはしまさざりける」(『今鏡』)といわれたように、幼い六条天皇の即位を見届けて、永万元年(一一六五)七月二十八日に押小路東洞院の内裏で亡くなった。

さらに永万二年七月二十六日には摂政の藤原基実も亡くなった。『愚管抄』が「俄《にわか》ニコノ摂政ノウセラレニケレバ、清盛ノ公、コハイカニトイフバカリニナゲキニテアル」と記すように、基実を婿としていたことから清盛は嘆いたが、これにより院政の障害はなくなり、「世ノ政ハミナ院ノ御サタ」と、後白河院政が完全に復活し、院は単なる「おりゐの帝」(位をおりた帝)から「治天《ちてん》の君《きみ》」(政治を執る王)となった。

十月十日には憲仁親王が皇太子に立ち、清盛の東宮大夫《とうぐうだいぶ》をはじめ平氏一門が東宮職を占めて、東宮を平氏が支える体制が築かれ、十一月に清盛は内大臣に昇進し、さらに仁安二年(一一六七)二月に清盛が太政大臣に、重盛が大納言になった。

その五月十日に海賊追討の宣旨が重盛に下されたが、これは朝家を守る武家の存在を国制上に位置づけたものである。追捕の宣旨はこれまで受領や検非違使に下されてはいても、大納言のように高い地位に出されることはなかったから、これは現実の海賊の横行に対処するものというよりも、武家の存在を国制として位置づけ、あわせて重盛の武門の長という立場の継承を認めたことを意味する。

その七日後に清盛は太政大臣の辞表を出し、これが受理されたことで、政界からの形式的引退と家督重盛に自己の地位を譲ることが示された。こうして軍制・官制において、武家権門の平氏政権が誕生したのである。

ただ平氏は直接には国政の運営に加わらなかった。政治の大事は公卿の意向を聞いて上皇が裁断し、通常の政務は蔵人や弁官などが上皇からの指示を受け、摂関の内覧を経て執行されたのであり、上皇への伝奏《てんそう》には院の近臣が任じられた。院政下での武家政権だった。

翌仁安三年(一一六八)二月、清盛が急病に倒れると、熊野御幸に赴いていた後白河上皇は熊野から急いで駆けつけ、その時の二人の談合によって六条天皇の退位が決まり、すぐ二月十一日に清盛が出家し、二月十九日に天皇が退位して憲仁が位についたが(高倉天皇)、『今鏡』はこのことを次のように評価している。

世の中へだてある事もなく、一院天下をしろしめし、御母盛りにおはしませば、いとめでたき御栄えなるべし。

両主の対立もなくなり、上皇が政治を執るようになり、高倉天皇の母が清盛の妻の妹であったから、目出度く繁栄を謳歌するであろうとしている。武家に支えられた院政の下での平和が訪れると思われたのである。

平氏政権の基盤

平氏政権は八か国の知行国を維持しつつ、多くの荘園を成立させ、それを主要な経済的基盤としていたが、その本拠地は六波羅であった。平忠盛《ただもり》が邸宅として整備してきたものであり、『今鏡』には六波羅の池殿《いけどの》に忠盛が重仁親王《しげひと》(崇徳院皇子)の母兵衛佐を招いた話が見える。忠盛の後妻の藤原宗兼《むねかね》娘は「池殿」と称され、この邸宅が池殿の子頼盛に譲られたことから、後に頼盛は「池大納言」と称されることになった。

その六波羅はくぐめ地を経て山科《やましな》に抜ける道の起点にあり、大和大路を経て南都を結ぶ道の起点でもある交通の要衝であって、『平家物語』は次のように六波羅邸が広がっていったことを記している。


南門は六条末、賀茂川一丁を隔つ。元方町《もと》なりしを此の相国、四丁に造作あり。是《これ》も屋敷二十余宇に及べり。是のみならず北の倉町より初て専《もっぱ》ら大道を隔て、辰巳《たつみ》の角の小松殿に至るまで、二十余町に及ぶまで造営したり、

「相国」（太政大臣）清盛の邸宅の泉殿を中心に、頼盛の池殿、教盛の門脇殿《かどわきどの》、重盛の小松殿など一門の屋敷が立ち並び、周辺には殿原《とのばら》や郎従《ろうじゅう》・眷属《けんぞく》の住居が広がっていたという。この記事にはやや過大な表現が多く、そのままには受け取れないが、栄華の様はうかがえる。

平氏がさらに西国に進出してゆくなかで根拠地としたのが、八条大宮にあった西八条邸である。『聞書残集《ききがきざんしゅう》』に西行《さいぎょう》が「忠盛の八条の泉」で詠んだ歌が見え、『拾芥抄《しゅうがいしょう》』には八条大宮周辺の方六町の地を西八条殿として「仁安元、入道大相国清盛公家」と記されている。清盛の妻時子《ときこ》はここに住んで光明心院という堂を営んだ。

もう一つの平氏の根拠地が摂津の福原である。応保二年（一一六二）に家人の藤原能盛《よしもり》を派遣

して摂津の八部《やたべ》郡の検注を行わせ、小平野《こひらの》・井門《いかど》・兵庫・福原の四つの平家領荘園の領域を拡大したほか(『九条家文書』)、近くの荘園を知行する貴族に所領の交換を働きかけ、周辺の地主から寄進を募って土地を獲得していった。近くには古代からの良港の輪田泊《わだのとまり》があり、風光明媚なことから、出家し「入道大相国」と称された清盛はここに別荘を造営したのである。

西海に向かう船は淀川を下り瀬戸内海に出て、最初に停泊するのが輪田泊であった。清盛は仁安四年(一一六九)三月二十日に後白河上皇を輪田浦に迎えて千僧供養を行うと、その翌年九月二十日には福原の別荘で、博多からやって来た宋人と上皇との対面を実現させている。「我が朝、延喜《えんぎ》以来未曽有の事なり。天魔の所為か」という批判もあったが(『玉葉《ぎょくよう》』)、これにより日宋貿易は本格化していった。治承《じしょう》四年(一一八〇)にはこの湊の本格的な整備に乗り出し、『平家物語』には、清盛が阿波の豪族・粟田民部大夫成能《あわたみんぶだゆうしげよし》に命じ、ここに経ヶ島を築いた話が見える。

博多と琉球の変化

日宋貿易の拡大とともに、博多や筥崎《はこざき》は国際港湾都市として賑わうようになっていた。保元の乱前の仁平《にんぺい》元年(一一五一)に大宰府検非違所の別当らが五百余騎の兵を率い、筥崎・博多で「大追捕」を行い、宋人王昇《おうしょう》の後家以下の千六百軒の家の資財雑物を没収する事件をおこし、訴えられている(『宮寺禄事抄』)。

清盛が保元の乱後に、弟の頼盛が仁安元年(一一六六)に大宰大弐となるなど、平氏は大宰府を掌握して日宋貿易に乗り出していた。仁安二年十二月に鎮西に赴いた栄西《えいさい》は大陸に渡るために「博多の唐房《とうぼう》」に至ったが（「入唐縁起」『霊松一枝《れいしょういっし》』）、唐房は渡航や貿易の拠点として営まれていた。

宋の側の貿易の窓口である明州（寧波《ニンポー》）の天一閣で発見された碑には、「太宰府博多津居住」の宋商三名によって建てられたとあり、南宋の乾道三年（仁安二）四月日の銘があり、この宋人は大陸との貿易を担った博多の「綱首《こうしゅ》」であったことがわかる。

博多の湊付近にある、陸揚げした白磁の廃棄された白磁だまりから見つかった皿や碗の底には、「張綱」「丁綱」「李綱」などの文字が見える。「張」や「丁」は荷主の姓、「綱」は海上輸送のため組織された集団であり、その船長が綱首であって、日本に定住し貿易を業としていたのである。

博多経由で多くの産物が列島にもたらされたが、なかでも銭が多く、治承三年（一一七九）に流行した疫病は折からの銭の蔓延に因んで「銭の病」と称されたという（『百練抄』）。銭を土地取引に使用するようになってきたことを示す最初の文書は、嘉応《かおう》二年（一一七〇）四月三十日に紀季正《すえまさ》が京の櫛笥東《くしげひがし》の家地と七条猪熊の家地とを交換した相博状《そうはくじょう》（「東寺百合文書」）であるが、これ以後、銭で取引をした文書が多く見えるようになる。

博多の繁栄は南の琉球列島の動きとも関連していた。早くから琉球列島産の夜光貝が螺鈿《らでん》の材料とされ珍重されていたが、この頃には琉球列島は貝塚時代からグスク時代へと入っていた。肥前の西彼杵《にしそのぎ》半島産の滑石《かっせき》製の石鍋が九州一帯から琉球にまで及ぶようになっているのは、この調理用具に象徴される文化、すなわち水田農耕が琉球に伝わって農耕生活が始まったことを示している。

図 4-4　南島列島に広がるカムィ焼

やがて琉球列島から石鍋が消えて、石鍋文化圏から離れるが、それとともに独自のカムィ焼という奄美諸島の徳之島の伊仙《いせん》町産の焼き物が広く南島列島に分布するようになり（図4-4）、このカムィ焼とともにグスク時代が本格的に始まった。

人々は海岸の近くの低地から内陸部の台地上に移動して集落（グスク）をつくり、その集落内に神を祀る聖域である御嶽《うたき》を設け、水稲や麦・粟を中心とした農業を営み、鉄製の農具も本格的に使い始めた。ここに琉球の島々は共通の文化圏を形成してゆくようになり、同時に海外交易が始まって、中国の陶磁器も使われるようになった。

グスクの成長とともに指導者層が各地に現れて、十三世紀に入ると農耕社会が整うなか、集落間の利害をまとめ、支配的地位に立つ者が台頭し、按司《あじ》やテダ(太陽)と呼ばれた。按司たちが各地との交易を行うなか、浦添《うらそえ》、読谷《よみたん》、中城《なかぐすく》、勝連《かつれん》、佐敷《さしき》、今帰仁《なきじん》などの良港を有する地域が力をつけていった。

平泉と辺境の王権

日宋貿易の広がりとともに奥州平泉の藤原秀衡《ひでひら》は、嘉応二年(一一七〇)五月に鎮守府将軍に任じられたが、それは後白河上皇や平清盛が貿易の主要輸出品である金などを産する平泉の富に目を付けたものであった。

源頼朝が文治《ぶんじ》五年(一一八九)に奥州を攻めた時、藤原泰衡《やすひら》により火が放たれた平泉館では西南の「一宇の倉廩《そうりん》」のみが焔《ほのお》の難を逃れて残っていたが、その倉には「沈紫檀《じんしたん》以下の唐木の厨子《ずし》」が数脚あり、「牛玉《ごおう》・犀角・象牙笛・水牛角・紺瑠璃等の笏・蜀江錦の直垂《ひたたれ》」等が納められていたという。これらの多くは大陸からもたらされた品々であり、大陸産の白磁も平泉館(柳之御所《やなぎのごしょ》遺跡)から大量に発掘されている。博多で出土している荷物運搬用の壺が平泉でも出土しているのは、大陸からの製品が博多から平泉に直行していたからであろう。

平泉では、藤原基衡《もとひら》の建立した毛越寺周辺に街区が形成されていた。平泉の主要な宗教施設を書き上げた『吾妻鏡』文治五年九月十七日条に載る「平泉寺塔已下注文」によれば、毛越寺の東にある観自在王院《かんじざいおういん》の南大門の南北路に、東西に数十町に及び倉町が造り並べられ数十宇の

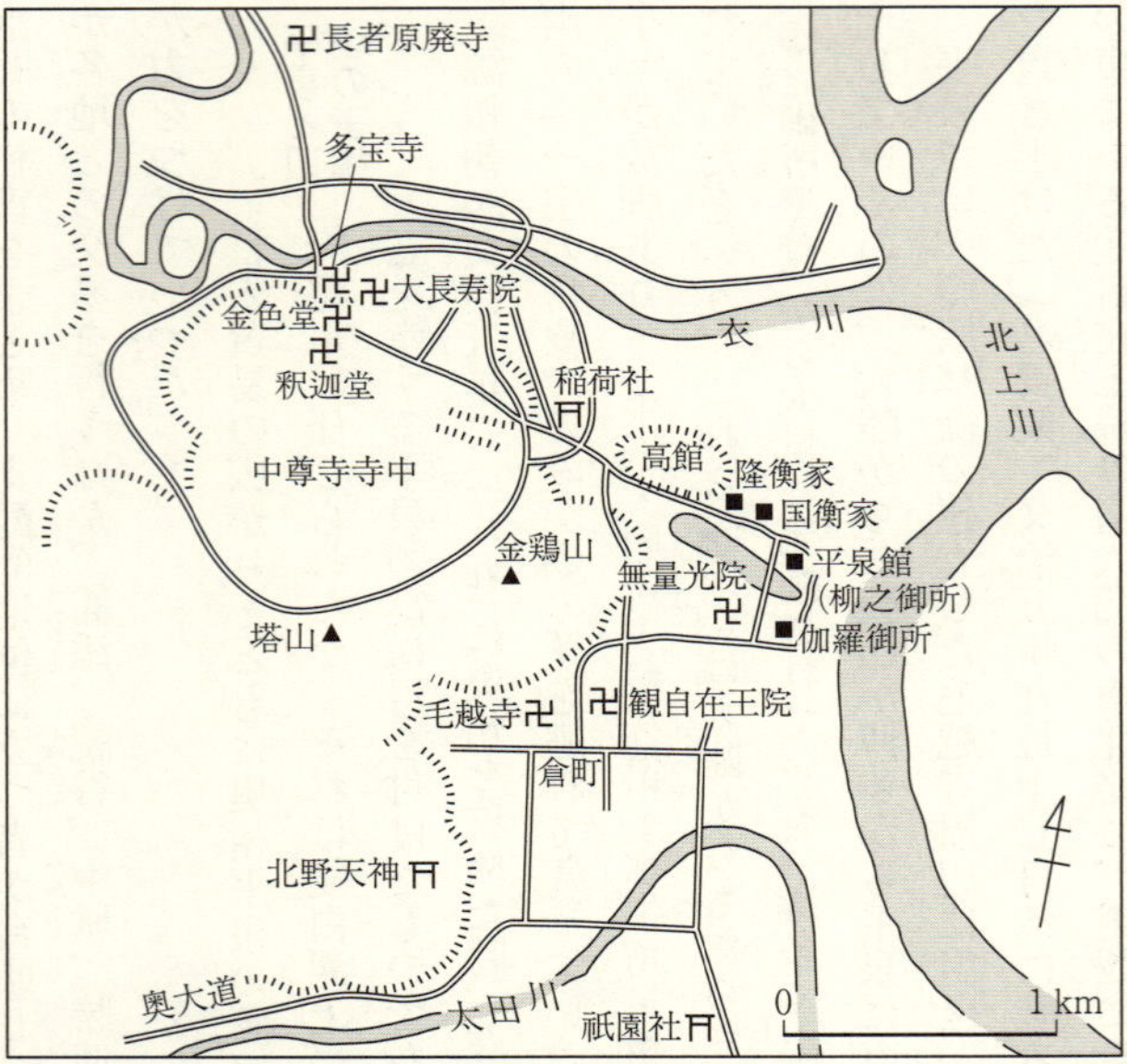

図 4-5　平泉復元地図

高屋が建てられていたという。

この一帯は発掘によって、基衡の時代からの道路や建物遺構が多く出土している。倉町遺跡には高屋と見られる建物遺構があり、柱の穴は深く、直径が一メートル半もあり、中からは八角形に整形された柱材が、周辺からは中国産陶磁器の破片が多数出土した。この高屋と観自在王院との間には、幅三メートルにも及ぶ道路が走っていたのである。

観自在王院の発掘報告によれば、その下層に邸宅らしき遺構があるというから、ここにはかつて基衡の居所があり、そこに出家した後家が寺を建てたものと見られる。

基衡の跡を継承した秀衡は、平泉館を整備していった。東を流れる北上川の河岸段丘上に立地するその遺跡からは、宴会用の大量の土器や大陸渡来の白磁、国産陶器、「人々給絹日記」という絹を人々に与えるリストを記す折敷《おしき》(杉や檜《ひのき》の板で作った食器)が出土している。郭内には多くの建物遺構があって、秀衡は一門を館の周囲に配置し、西木戸に嫡子国衡《くにひら》の家と四男隆衡《たかひら》の宅を、三男忠衡《ただひら》の家を泉屋の東に配し、自らは無量光院《むりょうこういん》の東門の伽羅御所《きゃらのごしょ》を居所となし、その西に設けた小御所《こごしょ》から宇治の平等院に模した持仏堂の無量光院を拝していたのである。

平泉では東海地方の渥美《あつみ》産や常滑《とこなめ》産の陶器が大量に出土している。陶磁器片の九割は愛知県の知多半島に分布する窯で焼かれた常滑焼と、同じく渥美半島の渥美焼の壺甕類であるという。十二世紀には日本列島では広く陶器の生産が行われるようになり、多くの製品が太平洋沿岸の各地に販路を伸ばしたが、能登産の珠洲《すず》焼は日本海方面に流通していた。「日本六古窯(常滑、瀬戸、信楽《しがらき》、丹波、備前、越前)」と呼ばれる中世窯はほぼこの時代に成立しており、それらは日本各地の集落や館跡の遺跡に見られるようになる。

3　家の文化

氏から家へ

院政時代になって氏から家が形成されてきたが、このことを歴史物語として語っているのが『今鏡』である。これに先立つ『大鏡』の記事が終わる万寿二年(一〇二五)から嘉応二年(一一七〇)にかけての歴史を描き、『大鏡』が藤原道長個人を扱うのとは違って、百五十年に及ぶ歴史の流れを、「すべらぎ」「藤波」「村上の源氏」「御子たち」(源氏)の四つの氏の流れに沿って語り、それらから漏れた話を「昔語」「打聞《うちぎき》」として載せている。

「すべらぎ」では国王の氏の流れ、「藤波」では御堂流の藤原氏の流れ、「村上の源氏」では村上天皇の皇子具平《ともひら》親王の子師房《もろふさ》に始まる源氏の流れ、「御子たち」では村上源氏以外の源氏の流れについて描いており、その関心事は氏の流れから生まれた家の展開にあった。

最初の「すべらぎ」は三章からなり、その第一章では、後一条天皇から後三条天皇までの歴史を天皇の代ごとに記し、第二章になると、後三条天皇について「この帝(後三条)世を知らせ給ひて後、世の中治まりて、今に至るまでその名残になむ侍りける」と記して、国王の家の歴史を詳しく語っている。第三章は、鳥羽院の晩年の動きに始まり、『今鏡』が著された時期に及んで、後白河上皇の后で高倉天皇母の建春門院(平滋子)についてこう語っている。

今また平の氏の国母、かく栄えさせ給ふうへに、同じ氏の上達部《かんだちべ》・殿上人《てんじょうびと》・近衛司《このえのつかさ》など多く聞え給ふ。この氏のしかるべく栄え給ふ時の到れるなるべし。平の氏のはじめは一つにおはしましけれど、日記の家と世の固めにおはする筋とは、久しくかはりて、かたがた聞え給ふを、いづ方も同じ御世に、帝后同じ氏に栄えさせ給ふめる。

平氏の国母による繁栄が到来したと指摘する。もともと同じ平氏の流れにあったのだが、一つは日記の家を継承し、もう一つは世を守る武の家を継承してきて、同じ御代に帝と后を出して栄えるようになったという。

この日記の家とは建春門院の父平時信《ときのぶ》が代々の平氏のなかでも朝廷の実務に携わって日記を記してきていたことによるものであり、同じ平氏の流れからは武の家も生まれ、それらが朝廷を支えるようになったことを指摘したのである。

次の「藤波」の章では、道長（藤波）・頼通《よりみち》（梅の匂ひ）・師実《もろざね》（薄花桜）・師通《もろみち》（波の上の杯）・忠実《ただざね》（宇治の川瀬）・忠通（御笠の松）・基実（藤の初花）という摂関の流れを中心に据えるが、特に忠実について多くを記しているのは、忠実が摂関家を形成したことによる。

それに派生して、忠実と白河院との対立の原因となった忠実娘泰子の鳥羽天皇への入内に絡《じゅだい》んで、白河院が入内させていた待賢門院を養っていた祇園女御《ぎおんのにょうご》に触れ、平正盛・忠盛の平氏が祇園女御を警護するなかで台頭し、家を形成する基礎を築いた話を載せている。

　続いて忠盛が殿上人となって五節《ごせち》の童《わらわ》を献上した話では、いっしょに献上した安芸守藤原為《ため》忠《ただ》の家に触れ、その父知信《とものぶ》が白河院の乳母子《めのとご》として白河院の殿上人になったことなどを記しているが、実は『今鏡』の作者はその為忠の子の為経《ためつね》であって、為忠は『大鏡』の作者と考えられる。為経は美福門院に仕えその女房加賀との間に隆信《たかのぶ》を儲けたが、隆信は散逸した歴史書の『弥世継《いやよつぎ》』の著者とされている。ならば『今鏡』は、歴史物語を著す家の継承を考えて書かれたとも見られる。この家には多くの情報が集まり、蓄積されてきていた。

国王の家の文化

　家が形成された時代の文化であるから、その特徴は家の文化としての色彩が濃いのであって、その最たるものが勝光明院や蓮華王院の宝蔵に象徴される国王の家の文化である。承安《じょうあん》四年(一一七四)三月十七日、院の伝奏の任にあった藤原経房は、先年に院が信西《しんぜい》の子静賢《じょうけん》法印に命じて制作させていた『後三年合戦絵詞《ごさんねんかっせんえことば》』を見ているが、これは静賢が蓮華王院の蔵から借り出して経房に送ってきたものである。

　この時期には他にも、高倉天皇の即位にともなう仁安三年(一一六八)十月の御禊《ごけい》(天皇即位後の禊《みそぎ》)を描く『仁安御禊行事絵巻《にんあんごけいぎょうじえまき》』七巻、承安元年(一一七一)には十一月の五節の様子を描く『承安五節絵《じょうあんごせちえ》』三巻が制作されており、大部の『年中行事絵巻』も完成を見ていた。後白河院

図 4-6　東大寺大仏のお告げを受け，信貴山に向かう尼公(左下)
(『信貴山縁起』)

は『年中行事絵巻』が完成したので、故実に優れた摂政の松殿(藤原)基房《もとふさ》に見せたところ、基房から誤りのあった箇所に押紙が貼られ、その誤りを自筆で記して返されてきた。これを見た院は、絵を描き直させるのではなく基房の字を珍重し、この字があること自体すでに重宝であるとしてそのまま蓮華王院の宝蔵に納めさせたという。

現存する『年中行事絵巻』には朝廷の年中行事だけでなく、洛中で行われている祭礼や闘鶏などの遊びも描かれているので、あわせて世の中が王化されている姿を絵画で表現しようとしたのである。同じ頃に制作されたのが伴大納言事件の話を描いた『伴大納言絵巻《ばんだいなごんえまき》』である。大内裏の応天門《おうてんもん》が焼けたのは左大臣の源信《まこと》の仕業である、と大納言伴善男《とものよしお》が訴えてきたが、摂政の藤原良房《よしふさ》による天皇への諫めがあって信の罪は許されることになったが、さらに無実を主張する信による天道への訴えによって、逆にその放火犯が善男とわかって流罪となった、という話である。

これは国王を護る摂政と天道の物語であるが、国王を護る聖と大仏の物語を描いた絵巻が『信貴山縁起』である。天皇が檀越となっている東大寺で受戒した信濃出身の聖が、大仏の導きにより信貴山に住むようになって験《げん》を修め、その験によって天皇の病が治ったので、大仏は聖の姉を信貴山に導き平穏な暮らしをもたらしたという(図4-6)。

二つの絵巻はともに説話を描いているが、国王は様々な形で支えられて王化の実をあげていることを絵画によって表現している。源義家が奥州で戦った後三年の合戦を院が静賢に描かせた『後三年合戦絵詞』も、同じく王化の実を描かせた点において共通している。

このほかに『源氏物語絵巻』は院を中心とする宮廷文化圏のうちの女院の世界で描かれて女房たちに喜ばれ、『鳥獣人物戯画《ちょうじゅうじんぶつぎが》』は寺院の世界で描かれて童たちに喜ばれたように、この時期の絵巻は国王の家の文化の産物であった。

絵巻の制作と並んで後白河院が力を入れたのが今様であり、今様集『梁塵秘抄』を編んでその今様の遍歴を『梁塵秘抄口伝集』に著し、承安四年(一一七四)九月には今様合《いまようあわせ》を毎日一番ずつ、全部で十五番の組み合わせにより行っている。今様が殿上の芸能となったのである。

装飾経の文化

家の文化では、平家一門によって安芸の厳島社に納められた装飾経『平家納経《へいけのうきょう》』もあげられる。平治の乱後の永暦元年(一一六〇)六月に公卿になった清盛は、厳島社に「年来の宿願」により赴いたが、長寛二年(一一六四)九月には『法華経』などの華麗な『平家納経』を寄せた。その願文には次のことが書かれている。

安芸国の「伊都岐島《いつきしま》大明神」は四面を「巨海の渺茫《びょうぼう》」に臨み、その「霊験威神」は「言語道断」なものがあり、これを信仰してからは「利生《りしょう》」がはっきりし、「家門の福禄」「子弟の栄華」がもたらされ、「今生の願望」は既に満たされたのだが、「来世の妙果《みょうが》」もまた期されよう。当社は「観世音菩薩の化現」であって、その御礼のために浄心を発し、『妙法蓮華経』一部二十八品と『無量義経』『観普賢経』『阿弥陀経』『般若心経』など各々一巻を書写して金銅の筺《はこ》一合に納め、宝殿に安置する、と記している。

清盛を始め「家督三品武衛将軍」重盛らの子息、舎弟の「将作大匠」頼盛、「能州」教盛、「若州」経盛ら、「門人家僕」など三十二人に一品一巻ずつをあてて、善を尽し美を尽くして制作にあたった、とも記している。この平氏一門の祈りから平家は武家権門への道に進んだのである。

華麗な装飾経といえば、ほかに『久能寺経《くのうじきょう》』があるが、これは駿河《するが》の久能寺《くのうじ》に伝わることからの命名で、鳥羽院が「寿量品《じゅりょうぼん》」を、待賢門院が「譬喩品《ひゆほん》」を、「女御殿」得子が「提婆品《だいばほん》」を担当し書写している。得子（美福門院）が女御となった保延《ほうえん》五年（一一三九）七月から、皇后になる永治《えいじ》元年（一一四一）十二月までの間の制作とわかる。その願主は、開経《かいきょう》の『無量義経』を担当した「左大弁実親卿」であって、妻の「左大弁室」が「薬王品《やくおうぼん》」を、娘の「左大弁姫君」が「神力品《じんりきほん》」を、子の弁阿闍梨《べんのあじゃり》心覚《しんかく》が「不軽品《ふぎょうほん》」を担当するなど平実親《さねちか》一家が広く関わっている。

この経は実親が願主となって、一家や関係者に写経を求めて成ったものであり、その一家の繁栄を祈ったものとみられる。実親は久安二年（一一四六）に亡くなったが、生前に諸寺諸山の他に悲田院《ひでんいん》や獄舎を訪れて飲食をあたえるなどの仁慈を施し、往生したことが『本朝新修往生伝』に見えている。このような浄土に往生を求める文化も家の文化において成立していたのであって、多くの装飾経がこの時代には制作された。

和歌の家、芸能の家

家の形成は和歌や芸能の家にも認められる。『今鏡』は堀河天皇（在位一〇八六―一一〇七）の時代に管絃や和歌の名手が現れたことを特筆し、和歌では源俊頼《としより》や藤原基俊《もととし》らが頭角を現し、連歌も行われるようになったと指摘している。俊頼は勅撰の『金葉和歌集《きんようわかしゅう》』の撰者となって歌論書『俊頼髄脳』を著し、基俊は『新撰朗詠集《しんせんろうえいしゅう》』を編んだが、その二人の歌を掲げる。

うかりける人をはつせの山おろし　はげしかれとはいのらぬものを　俊頼
契おきしさせもが露を命にて　あはれことしの秋もいぬめり　基俊

崇徳院・二条天皇の時代からは、その後の家形成へとつながってゆく。崇徳院は、鳥羽院の近臣である藤原顕季《あきすえ》の子顕輔《あきすけ》に勅撰和歌集『詞花和歌集《しかわかしゅう》』の撰集を命じ、『久安百首《きゅうあんひゃくしゅ》』を編むなど、弟の後白河とは違って和歌を好んだ。崇徳院と顕輔の歌を掲げる。

瀬をはやみ岩にせかるる滝川の　われても末にあはむとぞ思ふ　崇徳院
秋風にたなびく雲のたえまより　もれいづる月の影のさやけさ　顕輔

顕輔の子清輔《きよすけ》は保元二年(一一五七)の頃に歌学書『袋草紙《ふくろぞうし》』を著したところ、その噂が二条天皇の耳に入って、「内裏」から召されたので平治元年(一一五九)十月三日にこれを進覧すると、さらに『続詞花和歌集《しょくしかわかしゅう》』を編んで天皇に献呈して勅撰集へと動いた。それのかなわぬうちに天皇は亡くなってしまったが、やがて六条家という和歌の家を興し、歌学を大成させている。

藤原俊忠《としただ》の子の俊成《としなり》は藤原基俊に歌を学び、崇徳院に仕えて『久安百首』の編纂を手伝っていたが、平治の乱後に歌の家を興すことを図り、子の定家の成長を支援し、御子左《みこひだり》の和歌の家を隆盛させる基礎を築いた。清輔と俊成の歌を掲げる。

ながらへば又このごろやしのばれむ　うしとみし世ぞ今はこひしき　清輔

夕されば野辺の秋風身にしみて　鶉《うずら》鳴くなり深草の里　　俊成

源俊頼の子俊恵《しゅんえ》は家を形成する方向には向かわずに歌僧の道を選び、歌林苑《かりんえん》というサークルを形成し、多くの歌人と交流して和歌文化の発展に尽くした。西行は高野山から出てそのメンバーの一人となっており、鴨長明《かものちょうめい》は俊恵に師事した。俊恵と西行の歌を掲げる。

夜もすがら物思ふころは明けやらぬ　ねやのひまさへつれなかりけり　　俊恵

心なき身にもあはれは知られけり　鴫《しぎ》立つ沢の秋の夕暮れ　　西行

学芸の面では「末の世の賢王」といわれた二条天皇の存在が大きく(『今鏡』)、太政大臣藤原伊通が『大槐秘抄』を天皇に捧げて、「君は世の事をきこしめさむとおぼしめすべきなり」と前置きをして、「才智あるものには文の御物がたり、和歌を好むものには歌のこと、弓馬を好むものには弓馬、管絃を好むものには管絃のこと」を命じるべきであると進言すると、この意見に沿って天皇は唐の太宗とその臣下の問答を集めた『貞観政要《じょうがんせいよう》』に学んで政治に熱心に取り組み、和歌を藤原清輔や藤原範兼《のりかね》、管絃を源通能《みちよし》や中原有安《ありやす》に命じて芸能の興隆をはかった。

二条天皇自身も琵琶を好んで保元四年(一一五九)正月の内宴で琵琶の名器・玄上《げんじょう》をひいたが、その師範は少将源通能であり、配流地の土佐から戻った藤原頼長の子師長《もろなが》にも学び、中原有安には楽所預《がくしょあずかり》を命じた。この有安は二条天皇に仕えた後、九条兼実《かねざね》に仕えて飛驒守・筑前守に任じられたが、この有安から琵琶を学んだのが鴨長明である。

いっぽう後白河院は今様以外の芸能にも関心が深く、その影響を受けて慶忠《けいちゅう》の読経の家や、家寛《けかん》の声明《しょうみょう》の家、澄憲《ちょうけん》の唱導の家などの僧に担われた家がこの時代に興された。

武士の家

地方の武士の家にも中央の文化が及んでいた。永暦元年（一一六〇）に伊豆に流された源頼朝は、伊東・北条・狩野などの伊豆の在庁官人の監視下で過ごしていたが、そのうちの「伊豆の豪傑」と称された北条時政《ときまさ》の館は、伊豆平野中央を流れる狩野川《かのがわ》に沿う守山《もりやま》の麓にあり、この時期から賑わっていたことが発掘調査によって知られる。

この時期の東国の武士の動きや姿を活写したのが『真名本曽我物語《まなぼんそがものがたり》』であって、それによれば、武蔵・相模・伊豆・駿河の東海道四か国の武士たちは日頃から狩りや武芸の交流を重ねており、その伊豆の奥野での狩りが発端となった曽我兄弟の仇討事件を描いてゆく。

彼ら東国の武士たちは保元・平治の乱に際し都に出て、己が家の名乗りを高らかに叫んで存在感を示したこともあって、帰郷すると所領の中核となる宅を館となし、館を中心とした独自な世界を築いていたのである。

相模では三浦氏や鎌倉党の家が勢力を広げ、三浦氏は三浦半島に衣笠《きぬがさ》城を築城しており、保元の乱で源為朝と戦った大庭景義《かげよし》・景親《かげちか》兄弟は大庭御厨に館を構え、その北の渋谷荘には武蔵

図 4-7　東国の武士団

の秩父《ちちぶ》氏の流れをくむ渋谷氏が館を構えていた。

武蔵では秩父氏の子孫が河《かわ》越《ごえ》・畠山《はたけやま》・渋谷《しぶや》・豊島《としま》・葛西《かさい》・小山田《おやまだ》・稲毛《いなげ》・榛谷《はんがや》などの家を形成していたが、このうち稲毛氏の拠る九条家領の稲毛荘には、承安元年（一一七一）の田数の目録が残されており、それによれば二百六十町の田のうち新田が五十五町あり、この新田が稲毛氏の直営田に次ぐ重要な収入源であった。

甲斐《かい》では源義光《よしみつ》の流れをくむ武田氏が広がっていた。武田の苗字の地は常陸にあり、甲斐の市川に移ってから甲府盆地の周辺に勢力を伸ばし、一条・安田・石和《いさわ》・加賀美・板垣などの家を興した。常陸ではその一族の佐竹氏が北部の奥郡に勢力を広げ、中央部では筑波山を挟んで常陸大掾《だいじょう》氏が勢力を広げていた。

北関東の下野では、「小山と足利とは一流の好み有りといへども、一国の両虎たるにより、権威を争ふ」（『吾妻鏡』）とあるように、藤原姓の小山氏と足利氏とが一国の両虎として武威を争う存在であり、彼らは利根川を挟んで武蔵の秩父氏とも争いを繰り返していた。

西に目をやると、四国の阿波では有力な在庁官人である粟田氏出身の阿波民部《みんぶ》大夫《だゆう》成能が平清盛に仕えて摂津の輪田泊《わだのとまり》の修築に関わり、伊予の河野通信《こうのみちのぶ》は後白河院の北面となって勢力を広げ、山陰の伯耆《ほうき》では海六《かいろく》大夫成盛が一国の豪族として支配を広げていた。安芸厳島社の神主佐伯氏や九州大宰府の府官原田種直《たねなお》などは平氏と結んで勢力を広げており、種直は治承五年（一一八一）に大宰権少弐《だざいごんのしょうに》に任じられ、平氏政権による大宰府支配の橋頭堡となった。

武士たちは荘園領主や知行国主と関係をもって五位の位を得て大夫と称し、皇居の大番役により在京したこともあって、院や女院の判官代や蔵人、北面となり、また蔵人所や摂関家に組織されるなどして都の文化を取り入れていた。

地方においては国の一宮に流鏑馬《やぶさめ》や相撲などの武芸を奉納して結びつきを強め、館の近くには浄土往生への思いから阿弥陀堂を建てることが多く、なかでも奥州の白水阿弥陀堂や豊後国《くに》東《さき》半島の富貴寺阿弥陀堂などはそうした傑作である。

家社会の定着

各地の武士たちが基盤を置いていたのは荘園や公領であるが、荘園は鳥羽院政期に増加し始め、後白河院政期にピークを迎えていた。鳥羽院領の多くを継承した八条院に対し、後白河院には譲られた所領が少なかったため、積極的に荘園形成に努めた結果、蓮華王院領、長講堂領などの荘園群が形成されたのだが、これには平氏も大きな役割を果たし自らの所領も拡大させていった。この荘園と知行国とが平氏の経済的基盤となった。

後三条院の時期に始まった家形成の動きは、鳥羽院の時代に大きく広がり、保元・平治の乱を経て、各地では武士の家が形成されてきた。それとともに朝廷は家の集合体と化してゆき、いっぽう武士の家の連合体としてやがて鎌倉幕府が形成されることになる。

家は鎌倉時代になって、一層の展開をみた。後鳥羽上皇の文化統合によって、和歌の家では俊成の子定家が御子左家を確立させ、俊成に師事していた藤原家隆《いえたか》も家を形成していった。蹴鞠の家では、難波宗長《むねなが》と飛鳥井《あすかい》雅経《まさつね》により難波家と飛鳥井家の二つの流れが生まれている。書では、藤原行成の流れをひく藤原行能《ゆきよし》により世尊寺《せそんじ》家《け》が形成されるなど、多様な家が次々と生まれていった。

家の継承を考えた書物も編まれるようになり、楽人の狛近真《こまのちかざね》が楽書『教訓抄《きょうくんしょう》』を、有職故実《ゆうそくこじつ》の識者である源通方《みちかた》は『飾抄《かざりしょう》』を編み、鎌倉に下って幕府の援助を受けるべく著したのが中原景康《かげやす》の『胡琴教録《こきんきょうろく》』や源光行《みつゆき》の『海道記《かいどうき》』、源親行《ちかゆき》の『東関紀行《とうかんきこう》』などである。

幕府は東国武士の家の集合体が頼朝を迎えることにより形成された源氏の家という性格を有していたが、武士の家のみならず、都から下ってきた文士の大江や三善・二階堂などの家、さらに朝廷で出世を閉ざされた諸芸能の家が幕府の庇護下で成長をみてゆく。

鎌倉後期になると、家の形成は村々の百姓の世界にまで及ぶようになって、家の観念は広く社会に定着してゆくようになった。中世後期から近世を経て今日に至るまで家のあり方は、形を変えながらも継承され、大きな影響を与えるのである。

以上、二章から四章にかけての院政期の歴史を見てきたところで、次の章からは家の文化に続く、その後の中世文化の展開を見てゆくことにしよう。

第五章　身体の文化

1　内乱期の文化

王と身体

院政期の文化を特徴づけていたのは家形成の動きであるが、これに続く時代には、身体の動きに発する文化の傾向が強くなる。その先駆けとなったのは後白河院(図5-1)であり、院は自ら今様《いまよう》を謡って『梁塵秘抄《りょうじんひしょう》』を編み、『法華経』をひたすら読み、猿楽《さるがく》を好むなど、身体を動かすことで直接に文化に関わった。

仁安《にんあん》四年(一一六九)正月の十二度目の熊野御幸は、院が出家の暇乞いをするためのものであって、熊野で今様を謡い尽くすと、麝香《じゃこう》が漂うなか宝殿から音が響きわたり、御簾《みす》の中にある神の正体の鏡が鳴りあって長く揺れ続いた。

ここに神から納受のシグナルを感得して帰京すると、賀茂社の神にも同じく暇乞いした後、三月中旬に『梁塵秘抄』を完成させ、自らの今様遍歴を語る『梁塵秘抄口伝集《りょうじんひしょうくでんしゅう》』を著した。この口伝集は後白河院の自伝に相当するものであって、自伝には我が身を振り返って考えるという身体的思考が認められる。

院は、和歌には「髄脳《ずいのう》」(歌学の書)や「打聞《うちぎき》」(撰集)が多くあるのに、今様にはないことからこれを編むに至ったと述べ、今様を介して神仏に通じ、今様を謡えば神仏の支えが期待できる、と語って、その六月十七日に出家を遂げた。これまでに後白河院は、親王から天皇・上皇へと変身を重ねてきたが、それらは自らが望んでのものではなかった。だがこの度は自らが望んで法皇となっており、王の身体を強く自覚してのことであった。

それとともに摂津の輪田浦《わだのうら》での千僧供養も自ら大阿闍梨《だいあじゃり》として執り行い、蓮華王院の鎮守として惣社を造営すると、畿内近国の主要な神を勧請して国王の祭礼を主催したが、この王の身体に向け、様々な動きが始まった。

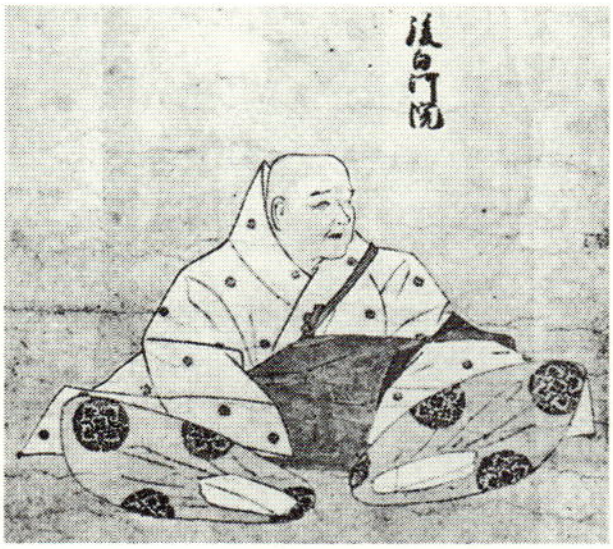

図 5-1　後白河院

安元《あんげん》二年（一一七六）七月八日に平家と後白河法皇とを結んでいた建春門院が亡くなり、失意の法皇は翌年三月に千僧供養のために福原に出かけて阿闍梨を勤め、千人の持経者による建春門院の供養を行い帰京したが、そこに加賀の白山の末寺鵜川寺《うかわでら》の僧と争いをおこした加賀守藤原師高《もろたか》の配流を要求して、山門（延暦寺）の大衆《だいしゅ》が比叡山から下ってきた。

その四月二十八日に法皇の身を襲ったのが、樋口富小路《ひぐちとみのこうじ》辺におきた火事である。折からの東南の風に煽られ、京中をなめつくした。東は富小路、南は樋口、西は朱雀《すざく》、北は二条までの百八十町の広範囲に及び、大内裏でも大極殿以下が、公卿の家では関白基房《もとふさ》以下十三人の邸宅が焼失している(「太郎焼亡」)。

大火を目の当たりにして危機感を抱いた法皇は、五月四日に天台座主《ざす》の明雲《みょううん》の邸宅に検非違《けびい》使《し》を派遣し、山門の強訴を主導した悪僧の張本人を差し出すように命じ、翌日には明雲の座主職を解いて所領を没収した。これに反発した大衆が蜂起し、神輿を山上の講堂に上げて軍陣を張って、十五日には延暦寺の僧綱が院に群参して明雲の処分撤回を求めてきたのだが、法皇はこれを許さず、二十一日に明雲を配流に処した。

翌日、伊豆に向かって配流途中の明雲の身柄が大衆に奪い取られたため、法皇は二十八日に平清盛を福原から呼んで、比叡山の東西の坂を固めて攻めるように命じた。

内乱の始まり

清盛がやむなく山門攻撃へと腹を固めたところ、その滞在する西八条邸に多田源氏の源行綱《ゆきつな》が訪れ、藤原成親《なりちか》らの謀議を密告してきた。『愚管抄』は、東山の鹿ケ谷《ししたに》にある静賢《じょうけん》法印の山荘に後白河法皇が御幸した際、近臣の藤原成親や西光《さいこう》、法勝寺執行《しゅぎょう》の俊寛《しゅんかん》らが集って平氏打倒を議し、旗揚げの白旗のため宇治布三十反を行綱にあたえた、という(鹿ケ谷の陰謀)。

話を聞いた清盛は、行綱の持参した旗揚げ用の布を焼き捨てるや、六月一日に西光を呼び出し「ひしひし」問い詰めてすべて白状させた。四日、法皇の近習《きんじゅ》の人々は搦め取られ、俊寛や検非違使の平康頼《やすより》ら六人はいずれも流罪に処された。事件は未遂に終わったが、反平氏の動きが明らかとなった。

この鹿ケ谷の陰謀以後、高倉天皇の皇子誕生が切に望まれるようになるなか、清盛の娘で高倉天皇中宮の徳子の懐妊が治承《じしょう》二年(一一七八)五月二十四日にわかった。清盛は皇子を儲けて帝の外祖父となって世を思うようにしようと考え、「ワレ(そなた)ガ祈ルシルシナシ。今見給へ祈リ出デン」と、自分の力で皇子を祈り出して見せようと、早船を造って福原から厳島《いつくしま》への月詣《つきもうで》を始めて祈ったところ、六十日ほどして懐妊した、という(『愚管抄』)。

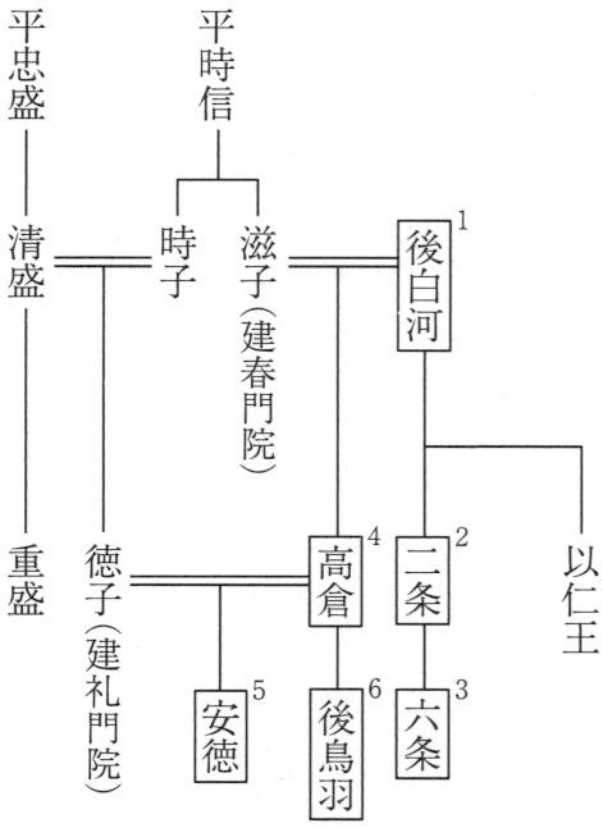

図 5-2　天皇家と平家の関係図

皇子誕生(後の安徳天皇)を喜んだ清盛は皇子の身体を守ることに精力を注ぐが、その清盛を嘆かせたのが、治承三年(一一七九)六月十七日に娘の盛子、七月二十九日に家督の重盛《しげもり》が相次いで亡くなったことである。さらに山門の内部抗争も始まっており、衆徒《しゅと》と身分の低い堂衆《どうしゅ》とが争う衆徒・

堂衆合戦がおき、ともに城郭を構え、堂衆が「悪党《あくとう》」を呼び集めて、両者が勝負を決するという噂が流れた。そのため、衆徒がこれを朝廷に訴えたことから、七月二十五日に後白河法皇は悪僧の追捕の宣旨を出し、平氏に追討を命じたのである。

しかしそれの実行に入る前に、清盛を怒らせたのが十月九日の人事であった。亡くなった重盛の知行国の越前が没収され、関白基房の子師家《もろいえ》が中納言に任じられて、前摂政基実《もとざね》の子で清盛の甥基通《もとみち》の官職を追い越したのである。清盛の面目は丸潰れの状態となり、法皇に裏切られたという思いが湧いたのであろう。清盛は強硬な態度に出た。

十一月十四日に数千人の大軍を擁して福原から上洛し、西八条の邸宅に入ったが、その時の清盛は「武者ダチニテ俄《にわ》カニ上リ、我ガ身モ腹巻ハヅサズ」という戦さ姿であったという(『愚管抄』)。「天下を恨み、一族を引き連れ鎮西に下る」と圧力をかけると、法皇は屈した。院政が止められ、基房の関白も止めさせられ、清盛の娘婿の基通が関白・内大臣となり、十六日には院近臣が搦め取られ、十七日に大量の院近臣が解官《げかん》され、十九日にはついに法皇の身柄も鳥羽殿に移された。

この清盛の行動はあせりから出たもので、新たな政治を目指したわけではなく、大量の知行国を平氏一門が手にし、勢力拡大を果たしたのを見届けて一段落すると、福原に戻ってしまった。だが、法皇を鳥羽殿に幽閉した影響は大きかった。これまで武家は法皇の命令に基づいて動いてきており、実力で治天の君を変えるような動きに出ることはなかったからである。これを契機に武士が積極的に政治に介入する道が開かれ、武士が武力を行使して反乱をおこす事態をもたらすようになった。禁は破られたわけである。

その翌年に安徳天皇が即位すると、後白河法皇の皇子の以仁王《もちひとおう》が平家打倒を促す令旨《りょうじ》を諸国に出し、治承《じしょう》・寿永《じゅえい》の乱がおきた。寺院の大衆が蜂起したため、清盛は法皇や高倉上皇、安徳天皇の身体を福原に移してこれに備えた(福原遷都)。

勧進聖たち

王の身体に向けて動いたのは武士や大衆だけではなかった。摂津渡辺党の武士出身の文覚《もんがく》は神護寺造営のために院中に勧進《かんじん》に赴いて乱入して伊豆に流されており、歌人の西行《さいぎょう》は和歌と仏道の修行をする聖《ひじり》として、月を愛で花を愛して漂泊の旅を繰り返すなか、高野山の庵に身を置いて歌を詠んでいたが、やがて高野山の蓮花乗院の造営勧進のために法皇や清盛に接近していった。

勧進とは信心を人々に勧め、仏の道への結縁《けちえん》を橋渡しする行為であり、遁世《とんせい》の聖や別所《べっしょ》の聖が勧進上人《かんじんしょうにん》となり、作善《さぜん》を人々に働きかけた。「民庶《みんしょ》」の信仰を集める寺院や鐘、仏像などの造営や修造、橋や道路、港湾の修理・造築など公共性の高い土木事業に精力的に関わったが、その代表的存在が重源《ちょうげん》である。

もとは紀姓の武士で、醍醐寺《だいごじ》に出家した後、聖となって上醍醐で修行し、さらに大峰《おおみね》や熊野・御嶽（金峰山《きんぷせん》）などの修験の場で修行した。『南無阿弥陀仏作善集《なむあみだぶつさぜんしゅう》』は、重源が自ら南無阿弥陀仏と名乗って、生涯に行った作善の数々を書き上げた自伝的作品であり、こう記されている。

生年十九にして初めて大峰を修行す。已上五ヶ度。三度は深山にして御紙衣《かみこ》を取りて料紙を調《ととの》へて如法経（法華経・大日経）を書写し奉る。二度は持経者十人を以て、峯の内にて千部の経を転読せしむ。

十九歳から五度もの大峰修行を行っており、そのうち三度は深山で紙の衣を料紙にして経を書写し、二度は法華経読み十人に転読させたという。大陸に渡り戻ってからは高野山の別所を中心に勧進活動を繰り広げていた。

そうした段階で治承・寿永の乱がおき、源氏の武士が東国で挙兵するなか、平氏はその追討に失敗したことから、都を戻して南都北嶺の大衆の鎮圧に向かい、その過程で南都が焼き討ちされ鎮護国家の象徴である東大寺の大仏が焼かれた。

そこで後白河法皇は焼かれた東大寺大仏の再建を重源に託した。重源は法皇の身代わりとしてその期待に応え、奥州の藤原秀衡《ひでひら》や鎌倉の源頼朝《よりとも》などからの協力を取りつけ、また民衆からの喜捨《きしゃ》を募る精力的な活動によって、文治《ぶんじ》元年(一一八五)には大仏の開眼《かいげん》を、建久《けんきゅう》六年(一一九五)には大仏殿の供養を行っている。

この勧進のために各地に「別所」と称される宗教施設を設けて、信仰を共にする同朋《どうぼう》には『法華経』の経文から一字をとって「安阿弥陀仏」などのように命名し、重源こと南無阿弥陀仏とその同朋の持戒《じかい》の集団を核となし、その外縁部に多くの協力者を組織していった。巨大建造物である大仏と大仏殿、南大門などの造営のためには新たな技術が必要とされたので、大仏《だいぶつ》様《よう》と称される建築様式を大陸から導入し、多くの技術者を勧進集団に組織して再建を果たしたのである。

同じ勧進でも念仏勧進に邁進したのが法然《ほうねん》である。武士の家に生まれたが、合戦で父が討たれたのを契機に比叡山に登ったところ、そこでの修行・戒律の衰退は著しく、比叡山の別所の一つである黒谷《くろだに》で叡空《えいくう》に師事し「法然房源空」と名乗り、聖としての修行を始めるなか、やがて念仏勧進へと進んでいった。承安五年(一一七五)四十三歳の時に、夢で見た唐の善導《ぜんどう》の『観《かん》経疏《ぎょうしょ》』によって専修念仏《せんじゅねんぶつ》を確信すると、比叡山を下りて東山吉水《よしみず》に住み、念仏の教えを広めたという。この年が浄土宗の立宗の年とされている。

内乱期の身の処し方

治承・寿永の乱は都人に大きな影響をあたえた。鴨長明《かものちょうめい》は下鴨社の祠官《しかん》の家に生まれ、芸能や和歌に秀でたことからそれらを学ぶなか、『方丈記《ほうじょうき》』に乱の様子を記すことになったが、それは長明が住む鴨川沿いの家から見た世相と心境であった。

> ゆく河のながれはたえずして、しかも元の水にあらず。よどみに浮かぶうたかたはかつ消えかつ結びて、ひさしく留まる事なし。世中にある、人と栖《すみか》と又かくのごとし。

このように川の流れに世の移り変わりを見て、人と住みかとの動きを記した『方丈記』は、長明の体験記であり、自伝であった。治承四年(一一八〇)六月二日の福原遷幸《せんこう》は、京都に生まれた長明には大きな驚きとなった。人々が不安げに見守るなかを、数千騎の武士の護衛によって法皇一行は福原へと向かった。

福原では平頼盛《よりもり》の家が内裏とされ、清盛の家が上皇に、平教盛《のりもり》の家が法皇にあてられ、都の造営が進められたが、この頃から飢饉の前触れが現れ、高倉上皇も病気になるなど、不穏な空気が漂うようになった。長明は次のように記している。

> みかどよりはじめ奉りて、大臣公卿ことごとく摂津国難波の京にうつり給ひぬ。世に仕ふるほどの人、誰かひとりふるさとに残り居らむ。官位に思ひをかけ、主君のかげを頼むほ

どの人は一日なりとも、とくうつらむとはげみあへり。時を失ひ世にあまされて、ごする所なきものは、愁《うれ》へながらとまり居れり。軒を争ひし人のすまひ、日を経つゝあれ行く。家はこぼたれて淀川に浮び、地は目の前に畠となる。人の心皆あらたまりて、たゞ馬鞍をのみ重くす。牛車を用とする人なし。

長明はこの福原遷幸の記事を始め、身をもって体験した治承の大火や辻風《つじかぜ》、養和《ようわ》の大飢饉、元暦《げんりゃく》の地震などの惨状を記しているが、こうした災害の体験記はこれまでに記されることはなかったのである。その福原遷都の頃、父高倉上皇が福原にいる時に京都で生まれ、成長して『新古今和歌集《しんこきんわかしゅう》』を自ら編むことになるのが、後鳥羽天皇である。

やがて都人に聞こえてきたのが東国での源頼朝の挙兵であって、追討使が派遣されることになった。歌人の藤原定家は日記『明月記《めいげつき》』治承四年(一一八〇)九月条に、このことについて次のように記している。

世上の乱逆・追討、耳に満《みつ》と雖《いえど》も之を注《ちゅう》さず。紅旗《こうき》・征戎《せいじゅう》、吾が事に非ず。

十五日、甲子《かっし》、夜に入りて明月蒼然、故郷寂として車馬の声を聞かず。

同居する父俊成《としなり》が重病で気が晴れないいなか、頼朝追討のために平氏軍が京を発する情勢下にいて、戦乱に我関さない、と言い放っている。こうした心情を吐露した王朝人もこれまでに生まれてこなかった。

東国の王

治承四年(一一八〇)、頼朝は伊豆で挙兵して伊豆の目代《もくだい》山木兼隆《かねたか》を討ち、相模に向かったが、石橋山《いしばしやま》の合戦で敗れてしまい、海を渡って房総半島に上陸し、各地の武士に挙兵を呼びかけたところ、下総の千葉常胤《つねたね》から、先祖からの根拠地で「要害の地」である鎌倉に向かうように勧められて鎌倉に入った。

東下してきた追討の官軍を富士川の合戦で破ったので、これを機に頼朝は急ぎ上洛を考えたのだが、三浦・上総・千葉氏など有力武士に諫められて諦め、鎌倉に戻る途中の相模国府において傘下の武士たちの所領を安堵《あんど》し、その支配権を認めた。国司や荘園領主の下にあって甘んじていた武士たちの所領を安堵したことで、武家政権の柱は据えられた。

鎌倉では由比《ゆい》ケ浜《はま》に源頼義《よりよし》が前九年の合戦の際に勧請した鶴岡八幡宮《つるがおかはちまん》があったが、頼朝はこれを北山の山麓に移して鶴岡若宮八幡として祀り、その東には大蔵御所を造営して、周囲の街区を整備し鎌倉を武家政権の根拠地となした。「鎌倉殿」の誕生である。

文治元年(一一八五)の平氏追討を経て、御所の南に氏寺として勝長寿院《しょうちょうじゅいん》を建立し、弟の源義経《よしつね》の追討を名目に後白河法皇に迫って守護地頭《しゅごじとう》を諸国荘園に配置する権限を獲得し、「武家」としての確固たる基盤を形成した。文治三年(一一八七)八月には石清水《いわしみず》八幡宮の放生会《ほうじょうえ》になららって、鶴岡八幡宮で放生会を開き、その祭礼には流鏑馬《やぶさめ》や相撲などの武芸を取り入れた。また治承三年(一一七九)に焼失していた阿弥陀信仰の霊場である信濃の善光寺《ぜんこうじ》の再建を援助し、後白河院の熊野御幸にならって箱根・伊豆権現に詣でる二所詣《にしょもうで》を企画して、翌年正月に赴いて東国の王であることを示した。

文治五年(一一八九)の奥州合戦は東国の王の覇権を求める戦であって、平泉の藤原氏に勝利したことから頼朝は名実ともに東国の王となった。宣旨なくして追討を実施したことにより、東国における幕府の正統性を広く認めさせたのであり、この成果をもって建久元年(一一九〇)に上洛した後、鎌倉に帰ると政所《まんどころ》を始めとする幕府機構を整備した。

建久二年の鎌倉の大火によって御所と鶴岡若宮が炎上したので、二つの再建へと進み、鶴岡八幡宮には改めて八幡神を石清水八幡宮から勧請して上宮を造営した。続いて御所の東北に、平泉の中尊寺大長寿院にならって、二階大堂の永福寺《ようふくじ》を建立し武家の寺とした。

ついで信濃と上野の境の三原野や下野の那須野、富士の裾野での巻狩《まきがり》に赴いて武士の長者としての立場を示し、富士野の巻狩では鹿を射止めた嫡子の頼家《よりいえ》を後継者として世に知らしめたのである。

2　和歌と仏教の文化

新たな古今和歌集へ

寿永二年(一一八三)に平氏が安徳天皇を連れて西海に下った後、幼くして三種の神器無しに位についたのは後白河法皇の孫後鳥羽天皇であったが、すでに東国は武家に奪われているなど、多くが欠如するなかで成長してきただけに、常に天皇の資格があるのかという眼にさらされてきた。

そのためこの欠を身体的に克服すべく蹴鞠《けまり》や武芸など様々な芸能を自らが実践し身につけてきた。祖父法皇の身体に関わる動きを継承しつつも、より積極的に行動したのであって、なかでも王朝文化の精髄である和歌に力を注ぎ始めると、法皇が寿永二年に藤原俊成に命じて編まれた勅撰和歌集『千載和歌集《せんざいわかしゅう》』を超えるべく努めていった。

正治《しょうじ》元年(一一九九)三月に大内の花見で初めて歌を詠み、ひとたび和歌にうちこむと上達は速く、早くも翌正治二年には百首歌《ひゃくしゅうた》を詠むように歌人たちに命じ、自らも詠んだ。この時の『正治初度百首歌《しょうじしょどひゃくしゅか》』において後鳥羽上皇が大いに認めたのが藤原定家である。

定家はそれまで主家である九条家の藤原良経《よしつね》を中心とする歌会で寂蓮《じゃくれん》や慈円《じえん》、藤原家隆《いえたか》らの歌人と研鑽を積んできていたが、この時に百首歌を上皇に提出したところ、内裏の昇殿が認められ、「道の面目、後代に美談」と、御子左家《みこひだりけ》という和歌の家が継承されたことを喜んでいる。後に回顧して「天満天神の冥助《めいじょ》を蒙《こうむ》り、聖主・聖朝の勅愛に応じて、僅かに家の跡を継ぐ」と記している(『明月記』)。

この時から定家と後鳥羽上皇との間の密なる交流が始まった。定家は『万葉集』や『古今和歌集』『源氏物語』『白氏文集《はくしもんじゅう》』などの和漢の古典文学に学ぶなかで、和歌を芸術の境地にまで高めた。家集『拾遺愚草《しゅういぐそう》』をまとめ、歌論『近代秀歌』を著したが、上皇は定家を「生得《しょうとく》の歌人」「不可説の上手」と評価し、そのパトロン的存在となった。定家の『明月記』や上皇の『後鳥羽院御口伝』には、和歌をめぐる定家と上皇の間の緊張感に溢れた交渉が記されている。

図 5-3　後鳥羽院

上皇は歌人たちの発掘に意を注ぎ、建仁《けんにん》元年(一二〇一)七月二十七日に和歌所《わかどころ》を設け、藤原良経や定家らの歌人を寄人《よりうど》に任じて王朝の文化機構となし、勅撰集の撰進を定家のほか六条家の藤原有家《ありいえ》や源通具《みちとも》、藤原家隆、飛鳥井雅経《あすかいまさつね》、寂蓮らに命じた。幕府を凌駕する存在感を示す意図もあったと見られる。

そのなかで上皇に見出された一人に鴨長明がいる。長明は二度目の百首歌の歌人として召されてから、「よるひる奉公をこたらず」と和歌の研鑽に励んだ。御所の会に出るようになって恐ろしい体験をした、思いもよらない歌が詠まれていたので、よく学び皆に追いつこうと努力した、と『方丈記』に記している。

上皇の強い個性により歌人たちは多くの試練を受けた。病をおして頻繁に歌会に出席し、上皇の熊野御幸に嘆きながら供をしたのが定家であり、また、上皇に見出された女房の宮内卿《くないきょう》は努力の歌詠みであり、歌を詠む段になると初めから終わりまで本を広げて灯をともしつつ、書き付ける作業を夜昼となく怠ることなく案じたといわれ、そのために早死にすることになったという(『源家長日記』)。『新古今和歌集』の寄人を選ぶために上皇は和歌の試験を行ったが、それに不合格となったために和歌の世界を退いた源顕兼《あきかね》は、後に王権から逸脱した人々の話を集めた説話集『古事談《こじだん》』を編んでいる。

王権と家業の形成

『新古今和歌集』は元久二年(一二〇五)三月に奏覧されたが、「みづからさだめ、てづからみがける」と、上皇自身が撰集にあたったと表明している。

人もをし人も恨めしあぢきなく　世を思ふゆゑに物思ふ身は

上皇がこうした和歌を詠むにあたり、最初に指導を受けた寂蓮の歌を次に掲げる。

村雨の露もまだひぬまきの葉に　霧たちのぼる秋の夕暮

葛城や高間の桜咲きにけり　龍田の奥にかかる白雲

「葛城や」の歌は上皇が『後鳥羽院御口伝』において絶賛したものであるが、寂蓮は歌集の完成を見る前に亡くなっている。若い上皇に大きな影響をあたえた叔母の式子内親王も早く亡くなり、その歌に「玉の緒よ絶えなば絶えね長らへば　忍ぶることの弱りもぞする」がある。

上皇が最も信頼を寄せ、それに応えて上皇を助けた摂政の藤原良経は、『新古今和歌集』の仮名序の執筆にあたり、そこで和歌について「世を治め民を和らぐる道」と書いたが、歌集の完成後数年にして若くして亡くなった。その歌を掲げる。

きりぎりす鳴くや霜夜のさむしろに　衣片《ころもかた》しき独りかも寝む

上皇は奏覧以後、芸能の道を深めていった。蹴鞠では「蹴鞠の長者」の号を捧げられる上達ぶりを示し(『承元御蹴鞠記』)、漢詩文も愛好した。藤原良経が和歌と漢詩を歌人・詩人に詠ませて番を組んで競わせる詩歌合《しいかあわせ》の企画を立てると、それを自らの企画として『元久詩歌合《げんきゅうしいかあわせ》』を編んでおり、『新古今和歌集』の歌の出し入れは承元《じょうげん》四年(一二一〇)まで続いた。

こうして文化の領域で王権への統合が進むなか、その王権の下で芸能の家が確立していった。定家と並び称された藤原家隆は壬生《みぶ》の和歌の家を形成して『壬二集《みにしゅう》』を編み、飛鳥井雅経は和歌に秀でて『新古今和歌集』を撰進して和歌の家の基礎を築くとともに、蹴鞠の書『蹴鞠略記《しゅうきくりゃっき》』を著して蹴鞠の家を確立させている。また儒者の菅原為長《ためなが》は、北条政子《まさこ》の委嘱で源実朝《さねとも》のために『貞観政要《じょうがんせいよう》』の仮名文を著したほか、『文鳳抄《ぶんぽうしょう》』『字鏡集《じきょうしゅう》』などの漢文作成の実用書を著し、その後の高辻の家を、藤原孝範《たかのり》は『明文抄《めいぶんしょう》』『秀句抄《しゅうくしょう》』『桂史抄《けいししょう》』の三部作を著し藤原南家を、書では藤原行成《ゆきなり》の流れを引く行能《ゆきよし》が世尊寺の家を確立させた。

仏教信仰の広がり

重源による東大寺の再建は、建仁三年(一二〇三)に総供養がひとまず終わったが、その再建と並行してなされた興福寺の再建にも多くの建築・美術に関わる職人が動員され、これらによって美術の世界が大きく開かれていった。高さ八メートルに及ぶ東大寺南大門の仁王像は、解体修理の結果、運慶《うんけい》、快慶《かいけい》、定覚《じょうがく》、湛慶《たんけい》(運慶の子)らが小仏師多数を率いて約二か月で造ったものとわかり、そこからはこの時期の宗教運動の大きな高まりも見てとれる。

建久九年(一一九八)に法然が『選択本願念仏集《せんちゃくほんがんねんぶつしゅう》』を著して専修念仏を広く世に問うと、九条兼実《かねざね》らの貴族や熊谷直実《なおざね》らの武士の信仰を獲得していった。興福寺の学僧で法相宗《ほっそうしゅう》の貞慶《じょうけい》は、一度は笠置《かさぎ》に遁世したが、唐招提寺《とうしょうだいじ》の東室を修造して念仏道場となしてからは、幅広い社会活動を展開していった。大陸に渡って帰朝した栄西《えいさい》は、博多の周辺で坐禅の行を通じて悟りを得る教えを広め、禅宗こそ護国の仏教であり鎮護国家にふさわしいと説く『興禅護国論《こうぜんごこくろん》』を著し、鎌倉に下って武家の世界に受け入れられた。

こうした動きに、元久元年(一二〇四)に比叡山の大衆が危機感を抱き、法然の専修念仏の停止を迫って蜂起したことから、法然は『七箇条制誡《しちかじょうせいかい》』を草し門弟の署名を添えて延暦寺に送って弁明したが、南都の興福寺からも念仏宗を批判する貞慶執筆の奏状が出された。慈円も法然の活動に危機感を覚えた。「九条殿ハ、念仏ノ事ヲ法然上人スススメ申シヲバ信ジテ、ソレヲ戒《かい》師《し》ニテ出家ナドセラレ」と、兄の兼実が法然を戒師として出家するなどその傾倒ぶりを見て、天台教学の興隆を思い立ち、元久二年に大懺法院《だいせんほういん》という仏教興隆の道場を建てている。

これらの動きもあって専修念仏停止の宣旨が出されたが、それは弟子の住蓮《じゅうれん》や安楽《あんらく》による一念の信、一度の念仏で往生するという一念義《いちねんぎ》の考えに基づく行動が問題視されたからであり、建永《けんえい》二年(一二〇七)に住蓮らは死刑、法然は讃岐《さぬき》に流されてしまう(建永の法難)。宗論の果てに処刑されたり、流罪とされたりしたことはこれまでになかっただけにその影響は大きかった。

やがて赦免になって法然は帰京したが、その翌建暦《けんりゃく》二年(一二一二)に遺言として著したのが『一枚起請文《いちまいきしょうもん》』である。

観念の念にもあらず、又学文《がくもん》をして念の心を悟りて申す念仏にもあらず。ただ極楽往生のためには、南無阿弥陀仏と申して、疑なく往生するぞと思《おもい》とりて申すほかには別の子細候はず。

このように阿弥陀仏を唱えてその救いを一途に求めることを勧める浄土宗は、建永の法難を経てから急速に列島の社会に広がっていった。浄土宗の一派となる西山派《せいざん》の活動が畿内近国を中心に、鎮西義《ちんぜいぎ》が鎮西で布教を開始している。流罪になって僧籍を剥奪され、越後の国府に配流となった親鸞《しんらん》は、藤井善信《よしざね》と改名され「非僧非俗」の生活を送るなか、妻帯し子を儲けたこともあって、建暦元年(一二一一)十一月に法然とともに罪を赦されても、京には帰らず越後にとどまり、建保《けんぽう》二年(一二一四)に越後を出て常陸に向かった。

方丈の庵と東国の大地

後鳥羽上皇による『新古今和歌集』編纂が佳境に入った元久元年(一二〇四)、鴨長明が突然に御所を出奔した。日頃から折々の違い目を実感していたところに、自らの短い運を悟るところとなり、妻子や捨てがたい縁もないので執心《しゅうしん》を止めるべく大原に籠ったという。

その原因は何か。上皇が長明の働きに報いようと下鴨社の摂社河合社の禰宜《ねぎ》の空席にあてようとしたことが長明に内々伝わり、その朝恩に喜んだところに、同族の鴨祐兼《すけかね》からの訴えで取りやめになった。落胆する長明に上皇は他の禰宜にどうかともちかけたが、長明はそれを辞してかき籠ることになったという。上皇の厚恩をうれしく思い、期待もしていたところに、大反対を受けて期待が萎み、他の恩を与えられようとしたことにいたたまれない思いがしたのであろう。出奔へと駆り立てられたのであった。

やがて都の南の日野に移って方丈(一丈四方)の庵を建ててそこに住んだが、前に建てた家に比較すれば百分の一にも及ばない狭さであり、年をとるとともにいよいよ住処が狭くなってきたと自嘲しながらも、その庵を次のように記している。広さは方丈、高さは七尺にも満たない。もし心に適わないことがあれば移動できるような移動式の住宅で、土居《つちい》を組んだ。庵には仏道を求めるための阿弥陀や普賢《ふげん》・法華の諸経のみならず、和歌や管絃、『往生要集』に関する抄《しょう》物《もつ》を皮籠《かわご》に入れて置いたという。

すべて世の人の、すみかを作るならひ、かならずしも身のためにはせず。或は妻子眷属《けんぞく》のために作り、或は親昵朋友《しんじつほうゆう》のために作る。或は主君、師匠および財宝、馬牛のためにさへこれを作る。我今、身のためにむすべり、人のために作らず。

自分は我が身のために家を造ったと力説し、身体に発する住宅論を展開したところに大きな意義がある。この日野の庵では和歌を詠み、琵琶をひくなど自由を謳歌していたのだが、それだけで終わらなかった。仏道修行に入ったのにこうしていてよいのか、という自戒の念がよぎり、最後に「南無《なむ》阿弥陀仏」ではなく、「不請《ふしょう》阿弥陀仏」と三遍唱えて『方丈記』の記述を終えている。時に建暦二年（一二一二）三月、この書は自伝として書き上げたもので、新たな修行に向かう決意を示したのである。修行の行く先は鎌倉であった。

その長明に鎌倉で対面した源実朝は大きな影響を受けることになった。父頼朝が亡くなってその嫡子で兄の頼家が跡を継いだが、幕府の実権は御家人らに握られ、やがて退けられてしまったため、実朝が「関東の長者」として将軍に推戴されたのであった。

図 5-4　源実朝

実朝は父にならって撫民《ぶみん》の徳政政策を推進し、二所詣を復活させるなど東国の王として動くなか、積極的に京の文化も取り入れ、母政子を通じて歌人の源光行《みつゆき》の著した『蒙求和歌《もうぎゅうわか》』『百《ひゃく》詠和歌《えいわか》』や、編まれたばかりの『新古今和歌集』などに学んで和歌をよく詠んだ。そのため実朝の和歌を集めた『金槐和歌集《きんかいわかしゅう》』には、実朝が東国の王として民を慈しんだ撫民の歌が見える。

建暦元年七月、洪水天にはびこり、土民愁嘆せむことを思ひて、ひとり本尊に向ひた

てまつり、いささか祈念を致して曰く

時によりすぐれば民のなげきなり　八大龍王《はちだいりゅうおう》雨やめたまへ

次のような東国の大地の息吹にあふれた、身体から発する歌も数多く見える。

荒磯に波のよるを見てよめる

大海の磯もとどろによする波　われてくだけて裂けて散るかも

舟

世の中はつねにもがもな渚《なぎさ》こぐ　あまの小舟の綱手かなしも

上皇や父の徳政政策の影響を受けた実朝は、「君恩」と「父徳」、すなわち後鳥羽上皇の恩と頼朝の徳に基づいた大慈寺《だいじじ》の創建へと進んでいったが、長明に会った直後におきた和田合戦から世の無常を痛感するようになり、長明の影響も受けて新たな動きへと向かった。

栄西と養生

長明とともに実朝に大きな影響をあたえたのが栄西である。重源に続いて東大寺の大勧進となって、焼失した国王の氏寺法勝寺《ほっしょうじ》の塔をも勧進により再興したが、栄西にも自伝があって、江戸時代編纂の『霊松一枝《れいしょういっし》』に「栄西入唐縁起」として見える。

「予ハ備中吉備津宮《きびつのみや》神主子孫也」と始まり、備中の吉備津宮の神主の子として「保延七年辛酉歳(一一四一)四月」に生まれたと記す。生まれた年月まで記しているところにも身体への大いなる関心がうかがえよう。禅宗は早くに建久年間に能忍《のうにん》らが広めたが、「達磨宗《だるましゅう》」と批判を浴びるなど京の世界に受け入れられなかったことから、栄西は鎌倉に下って活路を求めた。折しも幕府は頼朝の死後の混乱が続いていて、栄西は北条政子や源実朝の信頼と帰依を受け、政子によって整備された寿福寺《じゅふくじ》の長老となり、さらに幕府の援助を得て「武家の寺」である建仁寺《けんにんじ》を京都に建立した。

建暦元年(一二一一)十月十九日に永福寺で宋本一切経の供養の曼陀羅供《まんだらぐ》を大阿闍梨として修し、十二月二十五日には御所の持仏堂で文殊供養の導師を勤めるなど鎌倉で活動した後、上洛して法勝寺の八重塔造営を勧進し、その造営の功により権僧正《ごんのそうじょう》となり、和田合戦後に再び鎌倉に下ってきた。

建保元年(一二一三)十二月三日、和田義盛《よしもり》ら和田合戦で亡くなった人々の得脱《とくだつ》を祈る仏事を修し、実朝に自筆で『円覚経』の書写を行うよう勧めると、実朝は三十日に、夢の告げによって書写した経巻を三浦義村《よしむら》に命じて三浦の海底に沈ませている。『円覚経』はまどかなる悟りを説く経典で、後に禅宗寺院の円覚寺が創建されたように禅宗ではことに重視されていた。

翌二年正月二十八日に実朝は二所詣に赴き、二十九日に箱根と三島社、二月一日には伊豆山に奉幣し、三日の晩に鎌倉に戻ったところから、供奉《ぐぶ》の人々と酒を飲み、盃が何度も巡り「終夜、諸人淵酔」の状態になった。その二日酔いで翌朝の実朝の体調がすぐれないのを見た栄西が、「良薬」と称し寺から茶を取り寄せて勧め、「茶徳」について坐禅の余暇に書き出した一巻の書『喫茶養生記《きっさようじょうき》』を献上した。

> 人一期《いちご》を保つに命を守るを賢しとなす。その一期を保つの源は養生に在り。その養生の術を示すに五臓を安んずべし。

その書のなかで栄西は養生の重要性を強調し、「茶は養生の仙薬なり。延齢の妙術なり」と茶が養生に最適であると記し、「多く痩《そう》を病む人有り。是《こ》れ茶を喫せざるの致す所なり。若《も》し人、心神快からざる時は、必ず茶を喫すべし。心臓を調《ととの》へて万病を除愈《じょゆ》す」と、心身の健康のために広く人々に茶を勧め、今に続く喫茶の習慣はここに生まれた。

なお京に帰った長明は、発心《ほっしん》を求めた人々の動きを心の内面に立ち入って観察した『発心集《ほっしんしゅう》』を著わしている。従来の往生伝とは違い、自らの体験を踏まえた書物であり、その編集の途次の建保四年（一二一六）に長明はその生涯を閉じたが、この『発心集』を強く意識して、三《み》井《い》寺《でら》出身の慶政《けいせい》は、京の西山の草庵で仏教説話集『閑居友《かんきょのとも》』を編んでいる。

生身の仏

南都では承元二年（一二〇八）から建暦二年（一二一二）にかけて、運慶が一門の仏師を率いて興福寺北円堂の本尊弥勒仏《みろくぶつ》坐像と無著《むちゃく》・世《せ》親《しん》像を造っている。快慶が重源か

図 5-5　運慶作，大威徳明王坐像

ら「安阿弥陀仏」の名をあたえられ、重源と信仰心をともにして優美な作品を残したのに対し、運慶は東国の武士の注文によって力強い仏像を造った。

伊豆韮山《にらやま》の願成就院《がんじょうじゅいん》の阿弥陀如来像、不動明《ふどうみょう》王《おう》像、毘沙門天《びしゃもんてん》像などは、北条時政《ときまさ》の発願《ほつがん》によって文治二年（一一八六）に造り、三浦半島の浄《じょう》楽寺《らくじ》の阿弥陀三尊像、不動明王像、毘沙門天像なども和田義盛の発願によって文治五年に造っている。

運慶の造った仏像は生身《しょうじん》の仏と見られて崇められた。実朝の持仏堂の本尊とされた釈迦如来像や実朝の無事を祈って造られた大威徳明王《だいいとくみょうおう》坐像も運慶の手になるものであり（図5-5）、以後、慶派と称される南都仏師の美術世界が成長してゆく。

この時期の仏像には、生身仏として崇められた傾向が認められる。運慶の仏像が生身の仏と見られたばかりか、源頼朝が再興に尽くした信濃善光寺の本尊の阿弥陀仏も生身の阿弥陀と称され、それを摸刻した阿弥陀三尊は、各地に建てられた新善光寺に安置されていった。

同じく「生身の如来」の信仰が広まったのが、永観《えいかん》元年(九八三)に宋に渡った奝然《ちょうねん》がもたらした嵯峨の清凉寺《せいりょうじ》の釈迦如来像である。この生身の如来の霊験に与ろうとする多くの参詣・参籠者で賑わうようになったのは、治承元年(一一七七)の頃からで、『清凉寺縁起』によれば、多くの人の夢に清凉寺の釈迦が西に帰るという告げがあって、上下万民が雲霞《うんか》のごとく群集し名残を惜しんだので、日本にとどまるという告げが再びあったという。

建保六年(一二一八)十一月に釈迦堂が焼失したが、釈迦像は仁雅《じんが》法眼が抱いて持ち出して危うく難を逃れると、やがて釈迦堂の再建が栂尾《とがのお》の明恵《みょうえ》の勧進により果たされ、その時に明恵が説法を行うと多くの神々がやってきてそれを聞いていたという。

紀伊の湯浅党の武士から出た明恵は、身を狼にさらす捨身の行を行うなか、大陸に渡ろうとしたが春日の神に引き留められ、建永元年(一二〇六)に後鳥羽上皇から栂尾の地を与えられて高山寺《こうざんじ》を開き、華厳《けごん》教学の研究や坐禅修行にはげみ、戒律を重んじて華厳の教えと密教との融合をはかった。

この明恵と春日明神の信仰を通じて親交があった貞慶は、山城の海住山寺《かいじゅうせんじ》を戒律の道場としており、明恵と同じく教説の理解より修行を重視し、きびしく戒律を護って身を持することは謹厳であったという。この戒律重視の系譜を引いて真言律宗を開いた叡尊《えいぞん》が、その拠点とした奈良の西大寺《さいだいじ》に安置したのが清涼寺式釈迦如来像であり、広く民庶に勧進して造られた。

政治的統合へ

承元元年(一二〇七)後半の頃から、後鳥羽上皇の関心は和歌から詩や蹴鞠・今様へと広がってゆき、十二月二十九日に「仙洞偏詩御沙汰」、翌年二月五日に「近日毎日有郢曲・御遊」とあり(『明月記』)、四月十三日に「院御鞠勝負」が行われると、その記録は絵巻に作成され鎌倉にもたらされた(『承元御蹴鞠記』)。

文化と芸能の空間となる水無瀬《みなせ》や鳥羽の離宮、京都の神泉苑《しんせんえん》、二条殿御所を整備してゆき、院御所の厩《うまや》や小御所を近臣や女房との交流の場となした。建永二年(一二〇七)に最勝四天王院を造営すると、藤原定家に命じて和歌の名所を選定し、その絵画と和歌を障子《しょうじ》に描かせた。この時の和歌の名所は、遠くは陸奥国の「幽玄」の名所にまで及んでおり、その絵を描かせたということは全国の文化的統合をはかろうとしたのであろう。

王権への統合を文化の上で示した後鳥羽上皇は、次に政治の面での統合へと向かう。彗星の出現とともに土御門《つちみかど》天皇を退位させて順徳《じゅんとく》天皇の即位をはかり、その代替わりの政策として建暦二年(一二一二)三月に建暦の新制を出した。二十一か条からなるこの新制は政治のあり方に関わる内容で、特に目立った政策はないが、代替わりとともに上皇は公事《くじ》や行事の執行を厳格に行う姿勢を打ち出した。

建暦元年（一二一一）七月一日に公事の竪義《りゅうぎ》（問答）を行うこととし、二十日から五日間にわたる竪義を行い、九月二十四日には大嘗会《だいじょうえ》の論議を行っている。翌年正月に慈円を天台座主に任じて、山門の仏教興行をはかり、春には「当世の才卿」を召して、「理乱安危の基」（世の治まりと乱れ、安全と危険）について答申させた（『明月記』）。建保元年（一二一三）七月には『貞観政要』を毎日午《うま》の時に読むなど、政治への意欲を強めるなか、上皇の行動や服飾に関わる公事の書『世俗浅深秘抄《せぞくせんじんひしょう》』をも著した。

その影響を直接に受けたのが順徳天皇や鎌倉幕府の実朝であって、順徳天皇は天皇のあるべき行動や姿を『禁秘抄《きんぴしょう》』に著し、そこでは天皇の「諸芸能の事」について次のように記している。

　第一は御学問なり。学ばざれば、則《すなわ》ち古《いにしえ》の道に明らかならずして、政《まつりごと》をよくし太平を致すは、未だこれ有らざるなり。

天皇には第一に学問を求めた。天皇は学問をさほど修めなくとも良いという意見があるが、それは末代に至って天皇に大才が求められなくなっただけのことであり、天皇もしっかり学問すべきである、と語る。第二は管絃であり、天皇の楽器としてこれまでは笛が吹かれてきたが、琵琶もまたよろしい、と指摘する。

琵琶は醍醐《だいご》天皇（在位八九七―九三〇）の時代から宝物として名器の玄上《げんじょう》が伝えられており、それを後鳥羽上皇が好んで演奏したことから、順徳天皇もまた演奏した上での言であって、そこには王権を象徴する名器を我がものとして演奏することへの強い思いがあった。この書は天皇のあり方を示すものとして後世に大きく影響をあたえることになる。

実朝の暗殺

後鳥羽上皇の政治的統合への意欲はさらに鎌倉幕府にも向けられていったが、実朝は和田合戦直後から遁世に意思を抱くようになっていた。東大寺の大仏の鋳造にあたった陳和卿《ちんなけい》などからの影響もあり、大陸に渡ることを考えつくと、和卿に命じて唐船を造らせたところが、由比ヶ浜に浮かばなかったことから渡航を断念し、新たな道を求めた。

それは朝廷から次期将軍を迎え、兄頼家の娘と結婚させ、これを補佐しつつ出家するという構想で、そのために官位の上昇を上皇に求めると、これに応じた上皇は権中納言、権大納言、左大将、内大臣と次々に昇進させ、建保六年（一二一八）十二月には右大臣に任じた。

昇進の背景には、実朝の後継者として上皇の皇子を関東に下す約束があり、実朝を皇子の後見となして幕府を従えさせようと考えていたと見られる。だが、政治的にも、経済的にも、上皇の威勢が高まるなかでの動きであったから、これが幕府内部に危機感を募らせ、おきたのが翌建保七年正月の雪の夜の事件であった。正月二十七日、夜陰に及んで神拝を済ませた実朝が退出する時に事件がおきた。

鶴岡八幡宮別当で甥の阿闍梨公暁《くぎょう》が石階《いしばし》(石の階段)の際《きわ》にうかがっていて、剣を取るや実朝の殺害に及んだのである。この時、上宮殿の軒下にいた公暁は、「父の敵を討った」と声をあげたという。『愚管抄』はその模様を詳しく次のように語っている。

夜ニ入テ奉幣終《おえ》テ、宝前ノ石橋ヲクダリテ、扈従《こしょう》ノ公卿列立シタル前ヲ揖シテ、下襲《したがさね》尻引テ笏《しゃく》モテユキケルヲ、法師ノケウソウトキント云物《いうもの》シタル、馳《はせ》カカリテ下ガサネノ尻ノ上ニノボリテ、カシラヲ一ノカタナニハ切テ、タフレケレバ、頸《くび》ヲウチヲトシテ取テケリ。

極めて臨場感がある表現で、公暁が刀で実朝を討った時、「ヲヤ(親)ノ敵ハカクウツゾ」と叫んだことを「公卿ドモアザヤカニ皆聞ケリ」と記している。公卿たちが列立している近くで公暁は「親の敵はかく討つぞ」と叫んで殺害に及んだというのだが、公暁もすぐ殺害されてしまい、源氏の正統は絶えてしまう。

こうして幕府は実朝の右大臣家から政子の「禅定二位家」へと代わり、政子が幕府の中心に位置しそれを弟の義時《よしとき》が支える体制となった。『愚管抄』は「サテ鎌倉ハ将軍ガアトヲバ母堂ノ尼二位総領《そうりょう》シテ、猶セウト義時右京権大夫サタシテアルベシト議定シタル」と記している。

実朝が側近の源仲章《なかあきら》とともに殺害されたことで、後鳥羽上皇が政治的に幕府を従属させるための媒介者が失われ、幕府との協調路線が破綻したことから、上皇は幕府から皇子の下向要請をされるとこれを拒否した。実朝のいない幕府に皇子を下すことは皇統の分裂を招くことになり、政治的統合に反するものだったからである。

3 身体の文化の広がり

承久の乱とその影響

後鳥羽上皇は鎌倉幕府の混乱を横目で見ながら、挙兵の機会をうかがった。承久二年(一二二〇)に焼失した宮城の造営を行うなか、挙兵の意思を固めたものと見られる。これに強い危機感を募らせたのが上皇の護持僧の慈円であった。

慈円は日本の歴史を「道理」という視点に沿って探り、幕府の存在が道理に基づくものであるとする歴史書『愚管抄』を著して上皇に献呈し、軽挙を諫めた。女性が政治を助けてこそ政治が完成するという「女人入眼《じゅがん》」の主張を唱えて、京の政治に影響力がある卿二位《きょうのにい》藤原兼子《かねこ》や鎌倉の政子に期待を寄せたのである。

また上皇に仕えたものの、失脚していた中納言藤原長兼《ながかね》も、あるべき王権の姿を説話の形で『続古事談』に著し上皇を諫めた。しかし上皇は倒幕に突き進んでいった。彗星の出現を理由に翌年四月に順徳天皇を退位させ、新帝（仲恭《ちゅうきょう》天皇）を立てると、承久三年（一二二一）五月十五日に院中に官軍を集め、北条義時以下の追討宣旨を発したのである。追討の宣旨によって幕府が内部分裂をおこし、北条氏が孤立すると考えたものと見られるが、東国軍は結束して上洛し、敗れた上皇は隠岐《おき》に流され、子の土御門・順徳両上皇も配流となった（承久の乱）。

承久の乱後、幕府は後堀河《ごほりかわ》天皇を即位させ、その父で後鳥羽上皇の兄の後高倉院による院政を発足させたが、乱の影響もあって京の世界の混乱は著しかった。やがて王朝の政治と文化の復活が試みられるなか、藤原定家に撰集が命じられて成ったのが『新勅撰和歌集』である。

その撰集は後鳥羽上皇が隠岐に流された後を受けてのものであったから、様々な圧力があって著しく政治的性格を帯び、後鳥羽と順徳の両上皇の和歌が除外され、後堀河天皇の和歌が巻頭に据えられた。武家の存在を顧慮しつつ王朝の権威を高めるべく編まれたのである。

配流された上皇たちは都への帰還を願いつつ、順徳上皇は佐渡にあって歌論書『八雲抄《やくもしょう》』を編み、後鳥羽上皇は隠岐にあって『新古今和歌集』の歌の切り貼りを行って、隠岐本『新古今和歌集』を編み、古今の歌人たちの歌を番に組んでの歌合『時代不同歌合《じだいふどううたあわせ》』も編むなど、配流の地にあっても和歌文化への意欲はいささかも衰えなかった。

　われこそは新島守《にいじまもり》よ隠岐の海の　あらき波かぜ心してふけ

この歌からは後鳥羽上皇の気概が伝わってくるが、定家が関東武士の宇都宮頼綱《よりつな》の求めに応じて古今の歌人の名歌を選んだ『百人一首』には、上皇と自身の代表歌として次の歌を入れた。

人もをし人も恨めしあぢきなく　世を思ふゆゑに物思ふ身は　後鳥羽院

来ぬ人をまつほの浦の夕凪《ゆうなぎ》に　焼くや藻塩《もしお》の身もこがれつつ　定家

しかし上皇が隠岐で編んだ『時代不同歌合』に入れたのは、それとは違った。上皇と定家の歌各二首を掲げる。

○秋の露やたもとにいたくむすぶらん　長き夜あかずやどる月かな　後鳥羽院
袖の露もあらぬ色にぞきえかへる　移ればかはる眺めせしまに

○さむしろやまつよの秋の風ふけて　月をかたしくうちの橋姫　定家
きえわびぬうつろふ人の秋の色に　身をこがらしの森の下露

二人の和歌観の違いが見てとれる。

物語世界の広がり

乱後の混乱を経て、戦乱への思いから著されたのが軍記物語である。『保元《ほうげん》物語』『平治《へいじ》物語』『治承《じしょう》物語』『承久記《じょうきゅうき》』などが次々と著されていったが、そのうちの『治承物語』が増補されて成ったのが『平家物語』である。これがいかに書かれたのかを『徒然草』二二六段が伝えている。

後鳥羽院の御時、信濃前司行長《しなののぜんじゆきなが》、稽古の誉《ほまれ》ありけるが(中略)学問を捨てて遁世したりけるを、慈鎮《じちん》和尚(慈円)、一芸ある者をば、下部《しもべ》までも召し置きて、不便にせさせ給ひければ、この信濃入道を扶持《ふち》し給ひけり。この行長入道、平家物語を作りて、生仏《しょうぶつ》といひける盲目に教へ語らせけり。

慈円に扶持されていた信濃前司行長が著し、琵琶法師に語らせて広まったと伝えるが、行長は、九条兼実の末子で後鳥羽上皇からの信頼の厚かった良輔《よしすけ》に仕えていたところ、論議の場で失敗したため「五徳の冠者《かじゃ》」と綽名され憂えているなか、主人の死にあって遁世したのを憐れんだ慈円に扶持され、そして『平家物語』を著したという。

書物として読まれただけでなく語り伝えられていったこと、専門の芸能に関わる琵琶法師がその媒体になったこと、武士のことや弓馬の業《わざ》は、武士に問い尋ねて書いたことなど、それまでにはない試みであった。

そこには言談の世界の広がりがうかがえ、『今昔物語集《こんじゃくものがたりしゅう》』の系譜を引く『宇治拾遺物語《うじしゅういものがたり》』が著され、院政期から承久の乱後の現在に至るまでの多くの話を収録した『古今著聞集《ここんちょもんじゅう》』は、建長《けんちょう》六年(一二五四)に橘成季《なりすえ》が六二〇段にも及ぶ多くの説話を「神祇」から「魚虫禽獣」までの三十部にわたって分類し、年代順に配列したところの体系的な説話集である。

編者の成季は「家々の記録」を調べ、「所々の勝絶《しょうぜつ》」を訪ね、自らが所々に出向いて話を仕入れた。歌人藤原家隆とその子隆季《たかすえ》との話、琵琶の名手である藤原孝道《たかみち》とその子孝時《たかとき》(法深房《ほっしんぼう》)との話、関東申次《もうしつぎ》となった西園寺《さいおんじ》公経《きんつね》とその子実氏《さねうじ》との話などが数多くあり、しかも話自体に成季自身が登場しており、編者橘氏の氏の家が強調されている。

編者が訪ね採集した話には、家隆の二条の家や、孝道の仁和寺の家、西園寺の北山の家などにおいて話題として出た街説や巷談があり、洛中の都市的世界の広がりがうかがえる。かつて『今昔物語集』に描かれた京都がもう一つ大きくなっていたことがわかる。

『古今著聞集』の二年前に成った『十訓抄《じっきんしょう》』は、「昔今の物語を種」にした教訓話を三巻十編に分類し配列していて、ここでも氏の家を継ぐことの重要性を強調している。才芸に基づく家業が成立し、それが継承されてゆくなかでの心の持ち方や戒めが説話として語られており、菅原氏関連の話が最も多く見え、十編の九話には、菅原為長の嫡子の長貞の話が載っていることから、長貞の子宗家《むねいえ》が菅原氏の家業の継承を考えて編んだものとみられる。

なお、後鳥羽上皇の和歌の試験で落第した藤原信実《のぶざね》は歴史物語『弥世継《いやよつぎ》』を著した藤原隆信《たかのぶ》の子で、説話集『今物語《いまものがたり》』に和歌や連歌などの逸話を集めたが、似絵《にせえ》の名手でもあって、配流になる前の上皇の似絵を描いている。

仏教信仰は承久の乱後にはいっそう地方に広まりを見せていた。越後を出て常陸に向かった親鸞は、赴く途中の上野《こうずけ》の佐貫《さぬき》で『浄土三部経』の読経《どきょう》を始めたが、思い直して止め、常陸の笠間の稲田郷に居住することになった。

仏教の地方への広まり

笠間は笠間時朝《ときとも》の父塩谷《しおや》朝業《ともなり》が地頭であったが、朝業は『信生法師日記《しんしょうほうしにっき》』を著した歌人で、源実朝に仕えてその死により出家していた。自らも周防《すおう》国に配流された経験があり、流人の境遇には寛容であって、同情の念を抱いていたことであろう。親鸞をよく受け入れたものと考えられる。笠間に滞在した時のことを親鸞の伝記『親鸞聖人絵伝』は次のように記している。

笠間郷と云《いう》所に隠居し給。幽棲《ゆうせい》を占むといへども道俗跡をたづね、蓬戸《ほうこ》を閉すといゑども、貴賤ちまたに溢る。

親鸞が親しく面接して教えを授けた「面授口決」の人々が道場を作り、その道場主が信者を集めたのであり、その信者は門徒《もんと》と称された。道場は「ただ道場をばすこし人屋に差別あらせて小棟をあけてつくるべきよしまで御諷諫《ふうかん》ありけり」というほどの小規模なもので、この道場主を中核として信者を増やしてゆくかたわら、親鸞は主著『教行信証《きょうぎょうしんしょう》』の執筆にあたったが、鎌倉に入ることなく京に戻っていった。弟子の唯円《ゆいえん》が著した『歎異抄《たんにしょう》』には、「善人なをもて往生をとぐ。いはんや悪人をや」と親鸞が語ったという悪人正機説《あくにんしょうきせつ》が記されている。

曹洞《そうとう》禅を大陸から日本にもたらしたのが道元《どうげん》であった。栄西を建仁寺に訪ねて、弟子の明全《みょうぜん》から禅を学び、承久の乱後に宋に渡って諸山を巡って禅修行に打ち込んで、天童如浄《てんどうにょじょう》から印可《いんか》を受けて帰国すると、天福《てんぷく》元年(一二三三)に京都深草に興聖寺《こうしょうじ》を開いた。

しかしその教えが比叡山からの弾圧を受けたため、寛元《かんげん》元年(一二四三)に六波羅探題《ろくはらたんだい》に仕える在京人の波多野義重《よししげ》の招きによって越前の志比荘《しひのしょう》に移り、翌年に大仏寺《だいぶつじ》を開き同四年にそれを永平寺《えいへいじ》と改名し、曹洞宗の基礎を北陸で築いた。その語るところを記したのが『正法眼蔵《しょうぼうげんぞう》』であるが、弟子の孤雲懐奘《こうんえじょう》が記した『正法眼蔵随聞記《しょうぼうげんぞうずいもんき》』からは禅宗の身体性がよくうかがえる。

心の念慮・知見を一向捨てて、只管打坐《しかんたざ》すれば、道は親しみ得るなり。然《しか》れば道を得ることは、正しく身を以て得るなり。これに依つて坐を専《もっぱ》らにすべしと覚ゆるなり。

身心を放下し、身命を惜しまずに只管打坐を求めたのであるが、その禅修行の上で問題になってくるのが、病や養生の問題であり、これについては身体を整える養生は大事だが、行道《ぎょうどう》が先であって養生を先としてはならないと説いた。

身と心の関係を「ただ学道の用心、本執《ほんしゅう》を放下すべし。身の威儀を改むれば、心も随つて改まるなり。先《ま》づ律儀戒行《りつぎかいぎょう》を守れば、心も随つて改まるなり」と語り、身心を保つこととともに、身心を放下することが重要であると力説したのである。

こうして東国と北陸に種を蒔かれた新たな仏教の動きは、しだいに地方の社会に広がっていったが、鎌倉の世界はどうなったのであろうか。

武家政権の骨格

承久の乱に勝利した幕府は、武家政権としての自信と自覚とを抱くようになり、京に進駐して六波羅探題の基礎を築いた北条泰時《やすとき》は鎌倉に帰ると、京の政治と文化とを以前よりも積極的に摂取していった。

嘉禄《かろく》元年（一二二五）七月十二日に北条政子が亡くなると、有力御家人による合議政治を目指し、十二月二十日に将軍の後継者・藤原頼経《よりつね》が新御所に移ったその翌日に、新御所に執権《しっけん》の泰時・時房《ときふさ》と評定衆が集まり「評議始《ひょうぎはじめ》」を行った。執権を中心として有力御家人から選ばれた評定衆の合議によって政治を運営する体制（執権体制）を成立させたもので、その場からは鎌倉殿の藤原頼経は排除されていた。

寛喜《かんぎ》二年（一二三〇）に始まる飢饉に朝廷が寛喜の新制を出すと、泰時は武家の法典『御成敗《ごせいばい》式目《しきもく》』（『貞永式目』）の制定へと動いた。貞永《じょうえい》元年（一二三二）七月十日に「政道の無私」を表すため十一人の評定衆から連署の起請文《きしょうもん》を提出させ、政治や裁判を式目に基づいて公平に行うことを、梵天《ぼんてん》や帝釈天《たいしゃくてん》などの仏教の守護神や鶴岡八幡の八幡神、荏柄《えがら》天神の天満天神などに対し誓わせ、それに北条時房と泰時が「理非決断」の職として署判を加え、この日までに『御成敗式目』の形ができ、正式に八月十日に出された。

式目は基本的には地頭御家人への徳政を意図したもので、効力が及ぶのは武家に限るとして、律令に基づく公家法とは違った性格を持つことを強調したが、武家に限定されない一般原則の規定があるばかりか、律令の法意とは違った規定も載るなど、明らかに武家のみに限定されてはいなかった。独自の政権としての自己主張がうかがえる法令となっている。

こうして全国政権となった幕府の諸機関が置かれた鎌倉は、政治ばかりか文化の中心となっていった。三方が山に囲まれた鎌倉の内と外とを結ぶ境界には、巨福呂坂《こぶくろ》や朝比奈《あさひな》坂などの道(切通《きりどおし》)を新たに開削し、海浜の和賀江《わかえ》には勧進上人の往《おう》阿弥陀仏を支援して突堤(和賀江島)を築き、鎌倉の西側の地には勧進上人浄光《じょうこう》を援助して阿弥陀の大仏を安置した。

繁栄を誇る鎌倉には、京都から訴訟のためや幕府に仕えるために多くの人が下ってきた。そうした人たちによって著されたのが紀行文『海道記《かいどうき》』『東関紀行《とうかんきこう》』であり、そこには鎌倉の繁栄ぶりが記されている。『海道記』が「東国はこれ仏法の初道なれば、発心沙弥《ほっしんしゃみ》の故に修行すべき方なり」と語っているように、新たな動きをはじめた仏教の教えもこぞって武家政権の地である鎌倉を目指した。鎌倉を布教の試金石として競って入ってきたのである。

なかでも浄土宗の念仏者は、嘉禄三年(一二二七)の二度目の法難(嘉禄の法難)にあった後、急速に鎌倉に進出してきた。「なごへの一門、善光寺、長楽寺、大仏殿立てさせ給て」(『日蓮遺文』)とあるように、北条氏一門の名越氏をバックに、善光寺や長楽寺、悟真寺《ごしんじ》、蓮花寺《れんげじ》などの浄土宗の寺院が建てられた。殺生を業《なりわい》とする武士にとって、念仏により浄土に往生できると説く浄土宗の教えは理解しやすく、武士の信仰をも獲得して、多くの浄土宗寺院が鎌倉に建てられたのである。

武家政権が京の政治と文化を積極的に取り入れたことで、幕府の骨格が整えられ、武家文化は豊かなものとなり、鎌倉を場とした武士たちはそこでの政治的訓練もあって教養を身につけるようになり、仁義や礼節を重んじ、親に孝を尽くす儒教的な徳目も備わるようになった。

鎌倉に向かった人々

北条泰時が亡くなった後、孫の時頼《ときより》は将軍頼経の成長とともにそれに結びついた諸勢力を退け、北条氏と並び立つ有力御家人の三浦氏を宝治《ほうじ》元年(一二四七)の宝治合戦により滅ぼすと、京都の後嵯峨《ごさが》上皇に政治の刷新を要求して認めさせた。

建長四年(一二五二)に上皇の皇子宗尊《むねたか》親王を将軍に迎えて、朝廷を凌駕する新たな権力の樹立を目指した。翌年に禅院を「興国」の寺院として建立、その名を建長の年号からとり建長寺とし、開山には宋朝の蘭渓道隆《らんけいどうりゅう》をあてたことで、本格的な大陸の規式に基づく禅宗寺院が生まれた。また阿弥陀の木像の大仏を釈迦如来の銅像の大仏に変え、奈良の西大寺に拠点を置き律宗を開いた叡尊を迎えるなど、宗教の面でも新たな方向を目指した。

叡尊は、戒律の衰えから自誓受戒《じせいじゅかい》という方法で戒律を自得し、西大寺を拠点にして律宗を開いていた。弟子の忍性《にんしょう》が東国に下って筑波山の麓の三村極楽寺に入って教えを広め、やがて鎌倉に入って活動するなか、叡尊は弘長《こうちょう》二年（一二六二）に鎌倉に下ってきた。これは北条時頼や北条一門の金沢実時《さねとき》の招請に応えたものである。

幕府は禅宗を導入して建長寺を建てたが、さらに撫民政策をとるにあたって、戒律の再興と民衆の救済を勧める律宗の活動を高く評価した。全国的な飢饉がおきていたこともあり、叡尊は幕府首脳の帰依を得たのである。鎌倉では北条一門の重時《しげとき》が、鎌倉の西の邸宅内に極楽寺を設けていたが、やがて忍性に帰依して極楽寺を律宗寺院となしたことから、忍性は病院や馬の治療院を極楽寺境内に設けるなど、広く社会活動や救済活動を行った。

叡尊には本格的な自伝『金剛仏子叡尊感身学正記《こんごうぶっしえいぞんかんじんがくしょうき》』があって、自らの一生を三つに時期区分した。最初が「生育肉身章第一」で、建仁元年（一二〇一）の出生に始まる時期。次が「修成法身章第二」で、建保五年（一二一七）の十七歳の時に醍醐山叡賢《えいけん》を師として出家してから、嘉禎《かてい》二年（一二三六）の三十六歳の時に東大寺で自誓受戒を覚盛《かくじょう》らと行うまでの時期。そして最後が「興法利生章第三」で、ここから本格的な真言律宗の活動が始まったという。

幕府の姿勢を批判したのが『法華経』の持経者の流れを引き、『法華経』への信心を強く勧めた日蓮《にちれん》である。安房《あわ》の小湊《こみなと》から鎌倉に入ると、『立正安国論《りっしょうあんこくろん》』を著して時頼にすすめ、浄土宗や禅宗・律宗の活動を舌鋒鋭く批判し、名越《なごえ》で法華宗の布教を行っていたところ、文応元年(一二六〇)に浄土宗の信者により襲われる「松葉ケ谷の法難」がおきている。

鎌倉入りを試みて拒否されることになったのが、踊り念仏を始めた一遍《いっぺん》である。

一遍と身体　一遍は延応《えんおう》元年(一二三九)に伊予国の武士・河野通広《こうのみちひろ》の子として誕生した。寛元三年(一二四五)の七歳のときに天台宗の継教寺《けいきょうじ》に学び、宝治二年(一二四八)に母の死にあって出家の志を持つと、建長三年(一二五一)に父に連れられて鎮西に渡った。天台宗を捨てて浄土門に入り、法名を智真《ちしん》と改めた一遍が、他力本願と賦算《ふさん》(念仏札の配付)の意義を確信したのは、熊野本宮の証誠殿《しょうじょうでん》の前で祈っていた時、熊野権現の化身である山伏が現われて告げた次の言葉であったという。

御房《ごぼう》の勧めにより衆生《しゅじょう》初めて往生すべきにあらず。阿弥陀仏の十劫正覚《じゅうごうしょうがく》に、一切衆生の往生は南無阿弥陀仏と決定《けつじょう》する所也。信・不信を選ばず、浄・不浄を嫌はず、その札を配るべし。

一遍が勧めることで往生するのではない、衆生の往生は南無阿弥陀仏と唱えることで定まる

図 5-6　片瀬海岸での踊り念仏(『一遍聖絵』)

のであり、その念仏札を配るように、という。熊野の本地《ほんじ》は阿弥陀仏であり、その阿弥陀仏から信仰への確信があたえられたのである。

熊野で得たこの確信を契機に、「南無阿弥陀仏　決定往生六十万人」と記した念仏札を同行してきた超一《ちょういち》ら三人に渡して、賦算を行うように託し別れを告げたという。恩愛の情を断ち切り、「捨聖《すてひじり》」としての念仏勧進を一遍は目指したのである。熊野を出て伊予を経て九州に入り、苦労して九州を遍歴した後、仏法東漸の流れに沿って東国へと向かい、阿弥陀仏の霊場である信濃の善光寺に参詣し、その年末に踊り念仏を創始している。

小田切の里、或武士の屋形にて、聖をどりはじめ給けるに、道俗おほくあつまり、結縁あまねかりければ、次第に相続して一期の行儀《ぎょうぎ》と成れり。

信濃佐久郡伴野の佐久市で歳末の別時《べつじ》念仏《ねんぶつ》を行っていた時に、紫雲が空に漂う奇瑞がおきたことから、近くの小田切里の武士に招かれて「踊り始め」たところ、人々が集まって結縁し、これ以後、踊り念仏は「一期の行儀」になったという(図5-6)。

踊り念仏を批判する人々から、「心が鎮まれば踊り跳ねる必要はないのではないか」と問われると、一遍は「跳ねば跳ね　踊らば踊れ春駒《はるこま》の　法の道をば知る人ぞ知る」という歌をもって、ともかく踊り跳ねなさい、そうすれば阿弥陀の法の声が聞こえてこよう、と答えたという。

日本人はこれまで大陸の文化を取り入れ学んできたことから、その頭は教学で占められてきたが、この時代になると自らの身体に発して行動するようになった。祈禱や教学優先の仏教世界に飽きたらずに行動を開始したのが、一向に念仏や坐禅、読経に邁進すべきことを主張した仏教者である。そこで生まれた浄土宗や禅宗、法華宗(日蓮宗)など新たな仏教運動は、日本人の身体に即していたことから今に繫がっており、日本人の信仰の大多数を占めているのである。

身体性は武家政権の成長と確立にも認められる。その後に長く続く武家政権は、この時代に日本人の身体に相応しく定着していった。多くの日本人と日本列島の独自性はこの時代に育まれたのである。

第六章　職能の文化

1　職人的世界の展開

モンゴル襲来と政治文化

鎌倉幕府は、京から迎えた将軍宗尊《むねたか》親王が成長したことから、文永《ぶんえい》三年(一二六六)に京に送り帰し、北条氏の家督(得宗《とくそう》)中心の体制を築くと、そこに到来したのがモンゴルからの交易を求める使者であった。

北条時頼《ときより》の死後に若くして政治指導者となった子の時宗《ときむね》は、モンゴル襲来に強硬に対応し、文永・弘安の二度にわたる襲来を御家人の動員により退けると、この合戦で亡くなった人々の霊を敵味方なく慰めるため、建長寺《けんちょうじ》に次ぐ禅宗寺院として弘安五年(一二八二)に鎌倉に円覚寺《えんがくじ》を建立し、その開山には禅の師として宋から招いていた無学祖元《むがくそげん》をあてた。

この頃から鎌倉では谷奥に建てられた寺院を道場とした「叢林《そうりん》の禅」が広がり、『仮名法語《かなほうご》』によって武士に禅宗を伝える工夫がなされたので、禅は武士に着実に根をおろしていった。また渡来僧たちが禅宗だけでなく禅宗の背景をなす宋文化を直接にもたらし、その生活文化や学問が大きな影響をあたえていった。

「蒙古《もうこ》襲来」における八幡大菩薩の霊験《れいげん》を説く『八幡愚童訓《はちまんぐどうくん》』が著され、モンゴル襲来を描いた絵巻も現れた。肥後の御家人竹崎季長《すえなが》により、襲来時の合戦とその恩賞を求めた行動を記念して『蒙古襲来絵詞』が制作されている。モンゴル襲来は文化の面にも大きな変化をもたらしたことがわかるが、京の文化はどうであろうか。

承久の乱後の混乱を経て、幕府の求めに応じて始まった後嵯峨上皇の院政は、評定《ひょうじょう》制を導入して政治制度を整え、皇子を幕府に送って将軍となして協調路線をとっていた。上皇は病弱な後深草《ごふかくさ》天皇に代え正元《しょうげん》元年(一二五九)に亀山天皇を立てると、亀山天皇はその期待に応え早くから評定会議の場に臨席し、政治への関心を深めていった。

そこにモンゴルの国書が到来し、文永五年(一二六八)四月に上皇は意見封事《いけんふうじ》の宣旨を出し、識者からの意見を求め、その意見が提出されると後嵯峨・亀山両主が評定の場に臨んで審議を行った(『吉続記《きちぞくき》』)。この時の前右大臣徳大寺実基《さねもと》の意見は、宋の書物を引用し、仏法の衰微、王権の危機意識を強調し、王権の主導性を強く主張したものであって、後嵯峨院政期には儒学がよく学ばれていた。また王朝の古典文化の学習が盛んになって、歴史書『五代帝王物語』や『百練抄』などが編まれている。

後嵯峨上皇は文永九年(一二七二)正月に死を予期して亀山殿に移ると、後深草上皇・亀山天皇らに所領を配分して亡くなるが、次の政治を担う治天の君については記さなかった。このため嫡系を主張する後深草上皇と、皇統の継承は今までの流れから明らかとする亀山天皇との間に争いが生じ、二人の母大宮院《おおみやいん》の裁定により、後嵯峨上皇の真意は亀山天皇にあるとされ、亀山天皇の政治が続行し、文永十一年に位を子に譲り、後宇多天皇を立てて院政を開始した。

鎌倉では北条時宗が円覚寺を建てた二年後に急死して、その跡を北条貞時《さだとき》が継ぐと、外戚の安達泰盛《やすもり》や得宗家の家人である御内人《みうちびと》の平頼綱《よりつな》などの補佐を得て、『新式目《しんしきもく》』を制定し、御家人の救済策として永仁《えいにん》の徳政令を出すなど、新たな政治が展開していった。

唐物の流入と兼好

この時期の文化を特徴づけるのが多くの唐物《からもの》の流入である。モンゴルの建国した元が、襲来後も経済交流を望んでいたこともあって、仏典や漢籍が入ってきた。北条氏一門の金沢実時《さねとき》は母の菩提を弔うため六浦荘の金沢郷に称名寺《しょうみょうじ》を設け、建治《けんじ》元年（一二七五）頃に文庫（金沢文庫）を設立して、中国や本朝の政治・歴史・文学・仏教など幅広い書籍を納めている。

嘉元《かげん》四年（一三〇六）、称名寺の造営費用を得るため元に交易船（寺社造営料唐船）が派遣されたが、それには称名寺の快誉《かいよ》が乗船し、大陸から唐物を将来している。金沢文庫には青磁の陶磁器の逸品など多くの唐物が伝わっており、称名寺の境内にある顕時《あきとき》（実時の子）の墓とされる五輪塔の下からは、中国の竜泉窯《りゅうせんよう》産の青磁の壺が出土している。この唐物の流行について批判的に指摘したのが兼好《けんこう》の『徒然草』一二〇段である。

唐の物は、薬の外は、みななくとも事欠くまじ。書物は、この国に多く広まりぬれば、書きも写してん。唐土舟《もろこしぶね》の、たやすからぬ道に、無用の物どものみ取り積みて、所狭《せ》く渡しもて来る、いと愚かなり。

「無用」な唐物で氾濫している世の風潮を皮肉った。兼好は十四世紀初頭に東国に下って来ているので、この話はその時の見聞にも基づいているであろう。兼好が金沢の地に滞在していたことは、三四段の「甲香《こうこう》はほら貝の様なるが、小さくて口のほどの細長にさし出でたる貝の蓋なり武蔵国金沢といふ浦にありしを、所の者はへなたりと申し侍といひし」という、金沢の浦に棲息する甲香(アカニシ貝)に興味を抱いて記した話から知られるが、ここに住んでいたことを次の『兼好法師集』の歌が示している。

武蔵の金沢といふところに、むかし住みし家のいたう荒れたるにとまりて
ふるさとの浅茅《あさじ》が庭の露のうへに　床はくさ葉とやどる月かな

兼好は金沢にあって鎌倉の世界を眺め、そこで仕入れた話を『徒然草』に記している。「鎌倉の海に鰹《かつお》といふ魚は」と始まる、鎌倉では鰹という下賤な魚を上流の人も食べていると指摘する一一九段、北条時頼が一門の若い大仏宣時《おさらぎのぶとき》を召し、一緒に小さな土器に付着する味噌を肴

に酒を飲んだという往年のつつましい生活を語る二一五段、その時頼の母松下禅尼の質素な倹約ぶりを語る一八四段などである。

それだけでなく『徒然草』には、兼好の関心の赴くままに、様々な職人の活動や言葉が記されている。水車づくりの「宇治の里人」(五一段)、「連歌しける法師」(八九段)、「商人」(一〇八段)、「ある大福長者」(二一七段)、「陰陽師《おんようじ》」(二二四段)、「よき細工」(二二九段)、「琵琶法師」(二三二段)などに触れている。これら多くの職人の話が見えるのは、この時期の文化が職能の文化であることを物語っている。

職人の歌合と回向文

職人たちの歌合がこの時期に編まれている。『東北院職人歌合《とうほくいんしょくにんうたあわせ》』と『鶴岡八幡宮放生会職人歌合《つるがおかはちまんぐうほうじょうえしょくにんうたあわせ》』の二つで、前者は京の東北院の九月十三日の念仏に集まった二十四人の職人たちが歌合を行った、という趣向で編まれた。

医師《くすし》と陰陽師、仏師《ぶっし》と経師《きょうじ》、鍛冶《かじ》と番匠《ばんじょう》、刀磨《とぎ》と鋳物師《いもじ》、巫女《みこ》と盲目《もうもく》、深草《ふかくさ》(土器作り)と壁塗《かべぬり》、紺掻《こうかき》と筵打《むしろうち》、塗師《ぬし》と檜物師《ひものし》、博打《ばくち》と舟人《ふなびと》、針磨《はりすり》と数珠引《じゅずびき》、桂女《かつらめ》と大《お》原《はら》人、商人と海人が左右に分かれて、月・恋の歌二首を詠むという趣向である。

後者ではこれを踏まえて、鎌倉の鶴岡八幡宮の放生会《ほうじょうえ》に集った職人の歌合という形式をとり、月と恋の歌を二十四人の職人が左右に分かれて詠み、八幡宮の神主が判者として勝負を判定している。

楽人と舞人、宿曜師《すくようし》と算道、持経と念仏者、遊君《ゆうくん》と白拍子《しらびょうし》、絵師と綾織、銅細工と蒔絵師、畳差《たたみさし》と御簾編《みすあみ》、鏡磨《かがみとぎ》と筆生《ひっせい》、相撲と博労、猿楽と田楽、相人《そうにん》と持者《じしゃ》、樵夫と漁夫というメンバーで、歌人が各々の職人の身になって詠んでいる。

職人の生態を和歌に詠んだもので、この時代の職人の成長がよくうかがえるが、こうした職人を浄土に向ける回向《えこう》のために語るべき文章（表白文《ひょうはくぶん》）の文例を載せているのが永仁五年（一二九七）成立の『普通唱導集《ふつうしょうどうしゅう》』であり、そこでは職人を「世間」と「出世間」の二つに分類している。その出世間部の芸能に関わる職人として「持経者・説経師・念仏者（学生《がくしょう》・声明《しょうみょう》）、声明師（顕・密）」をあげている。この書は仏事供養の場に迎えられる導師《どうし》にとっての実用書であるが、こうした実用の書物が著されているところに、様々な職能の人々の成長がうかがえよう。

世間部には琵琶法師の次の表白文が載っている。

平治・保元・平家の物語　何も皆暗じて滞り無し。
音声・気色・容儀の体骨　共に是《こ》れ麗して興有り。

琵琶法師の芸能は早くに『新猿楽記《しんさるがくき》』に記され、十一世紀には生まれていたが、この表白文のように、『平治物語』『保元物語』『平家物語』などの軍記物語を語ることによって大きく成長をみていた。とくに『平家物語』は「祇園精舎《ぎおんしょうじゃ》の鐘の声、諸行無常の響きあり、沙羅双樹《さらそうじゅ》の花の色、盛者必衰《じょうしゃひっすい》の理《ことわり》をあらわす」と始まって、広く人々の心をとらえたが、一遍《いっぺん》の行状を描く『一遍聖絵《いっぺんひじりえ》』には小坊主を連れて犬に吠えられている琵琶法師の姿が各所で描かれている。

この『一遍聖絵』は一遍が亡くなって十年後の正安《しょうあん》元年（一二九九）八月二十三日に、聖戒《しょうかい》が詞書《ことばがき》を、法眼円伊《えんい》が絵を描き、世尊寺経尹《せそんじつねただ》が外題を書いたもので、絵師も『鶴岡八幡宮放生会職人歌合』の歌から知られるように職人であった。

武士の家職

『普通唱導集』は武士も職人としてみているが、それは武士の家では家職の意識が生まれていたからである。幕府の中心にあった得宗家は北条時宗・貞時・高時《たかとき》の系統に継承されてゆき、北条氏一門では名越《なごえ》、大仏《おさらぎ》、金沢《かねさわ》氏など得宗を支える家の人々が、評定衆、六波羅探題、寄合衆《よりあいしゅう》などを歴任していた。大名では源氏一門の足利・武田・小笠原氏のほか、将軍を支えてきた三浦・安達・佐々木氏などが有力御家人の家を形成し、政所や問注《もんちゅう》所《じょ》、引付《ひきつけ》などの奉行人《ぶぎょうにん》も、二階堂、三善氏の太田・矢野、中原氏の摂津などの家を形成していた。

『徒然草』二一五段の、北条氏一門の大仏宣時が語る、得宗の北条時頼と一緒に酒を飲んだ話に続く二一六段では、時頼が鶴岡八幡宮に赴いた際に足利氏の屋敷を訪れた時、足利義氏《よしうじ》が饗膳をもうけたところが、それは一献が打鮑《うちあわび》、二献が海老《えび》、三献が掻餅《かきもち》といった質素であったこと、その時に義氏が時頼の求めに応じて足利の染物を贈ったことを語っている。

得宗家を外戚として支えた安達泰盛は、一八五段に「左右なき馬乗り」と紹介されている。泰盛は、馬を厩《うまや》から引き出す際、馬が敷居をゆらりと越えるのを見て「勇める馬」として他の馬に代えさせ、次の馬が敷居に足をあてると、鈍い馬として乗らなかった。兼好はその用心深さを称え、「道を知らさらん人、かばかり恐れなむや」と高く評価した。

八〇段は「夷《えびす》は、弓引くすべ知らず、仏法知たる気色《きしょく》し、連歌し、管絃を嗜《たしな》みあへり」と記し、武芸を家職としている「夷」こと武士が、武芸に疎《うと》いにもかかわらず、武士の間に連歌や管絃が広まっていたことを批判的に書いている。

武士に家職の意識が生まれるなか、その継承をめぐり嫡子と庶子との対立がおきていた。それもあってモンゴル襲来を契機に鎮西に移ったり、六波羅探題に仕えて西国に移る武士が多くなった(西遷御家人)。武蔵の小代《しょうだい》氏は肥後に移った後、小代伊重《これしげ》が置文《おきぶみ》をしたため、小代の家の先祖について武蔵の児玉郡に本拠があったと語り始め、後三年の合戦に従軍した「児玉有大夫」が祖であるとその系譜を記している。武士の系図がこの時期に多く書かれるようになったのも、家職に関わる伝統を探っていった結果である。

絵師と職人

絵を描く絵師や詞書を書く筆者、清書にあたる能書《のうしょ》の名はこれまで記されることはなかったが、この頃から記されるようになった。『春日権現験記絵《かすがごんげんげんきえ》』は延慶《えんきょう》二年(一三〇九)に絵所預《えどころあずかり》の高階隆兼《たかかね》、『唐征伝絵巻《とうせいでんえまき》』が「六郎兵衛入道蓮行」により描かれていることがわかる。絵師の名が明示されたことは、身分の低かった絵師の存在が、認められるようになっていたことによる。『絵師草紙《えしぞうし》』には、絵師が綸旨《りんじ》で所領を与えられたのにその地を知行できないという絵師自身の訴えが描かれ、本願寺の覚如《かくにょ》の伝記絵巻『慕帰絵詞《ぼきえことば》』には、注文主の指示に沿って絵師が絵巻物を制作する風景が描かれている。

絵師は自分と同様な存在の職人の姿を絵巻に描いた。『北野天神縁起《きたのてんじんえんぎ》』承久本は天神(菅原道《みち》真《ざね》)の身体を中心に描いていたが、正嘉《しょうか》本以後は、北野の天神を信仰していた人々の説話を載せており、京の西七条の銅細工師の姿などを描いている。

『石山寺縁起《いしやまでらえんぎ》』には実に多くの職人が載る。山を切り開いて寺を建立する場面における樵《きこり》の樹木を切る労働に始まって、大工たちの製材労働が描かれ、交通路では牛に荷車を曳かせ、米を馬に積んで運ぶ労働、宇治川の簗《やな》で魚をとる漁師、また殺生禁断令に背いて山で狩りをして追捕を受ける猟師、逢坂《おうさか》の関の木戸で関料を徴収する勧進聖など、職人の姿を満載している(図6-1)。

図 6-1 『石山寺縁起』に描かれる荷車曳きや工人たち

『一遍聖絵』には、一遍が各地の市や町、湊や宿に訪れたことから、そこで活動する職人の姿が描かれている。備前の福岡の市の場面では物売りの様々な姿を描き、鎌倉入りを阻止されたことから西の片瀬の浜において板屋の舞台を設け踊り念仏を行った場面では、その周囲に多くの職人の見物の姿があるなど、職人の成長が時代を動かし始めたことを印象的に描いている。

そうした職人を対象とした作品は、絵画や歌合以外にも多く今に伝わる。称名寺境内は金堂前の阿字池を中心とする浄土式庭園であったが、これを元応《げんおう》二年（一三二〇）に金沢貞顕《さだあき》が整備し新たな庭園に変えているが、この造園も職人の手になり、元亨《げんこう》三年（一三二三）の『称名寺結界絵図《しょうみょうじけっかいえず》』の境内図が伝わっていて、それによれば、浄土庭園に律宗寺院の性格が付加された様子が見てとれる。北側に配置された金堂・三重塔・講堂には本格的寺院としての規範が示され、東側には律院の施設が建ち並び、西側には邸宅と八幡新宮など浄土宗寺院の名残が認められる。

鋳物師の手になる梵鐘《ぼんしょう》については、称名寺の文永六年の物部国光《くにみつ》鋳造の梵鐘、すぐ近くの東《とう》漸寺《ぜんじ》の物部依光《よりみつ》の鋳た永仁六年銘の鐘など、物部姓の鋳物師の作品が関東の各地にある。石工の彫った石造品では、秩父産の緑泥石片岩《りょくでいせきへんがん》を用いた青石塔婆《あおいしとうば》が武蔵北部を中心に多く分布する。なかでも武蔵の慈光寺《じこうじ》では参道の途中に高さ一メートル半から二メートルをこえる七基の塔婆(板碑《いたび》)が林立している。板碑とは死者の供養のために造られた石の卒塔婆《そとば》であり、他の地域でも石材は違っても多く造られた。

五輪塔《ごりんのとう》は地・水・火・風・空の五種類の形の石の組み合わせからなる卒塔婆で、全国的に分布するが、律宗の布教地には巨大作品が多い。大和の西大寺には正応《しょうおう》三年(一二九〇)に亡くなった叡尊供養の五輪塔があるほか、忍性が関係する五輪塔が多く、常陸の筑波山の麓に忍性が三村極楽寺を建てたこともあって、その寺跡には三メートルを超える五輪塔があり、鎌倉の極楽寺の忍性の遺骨を納めた忍性塔は高さ三メートル半に及ぶ。忍性の遺骨は大和の額安寺《がくあんじ》の五輪塔にも納められた。

絵師と絵巻

絵巻は様々な情報の伝達手段として用いられるようになって、多く制作された。『北野天神縁起』は正嘉二年(一二五八)頃に将軍上洛を期して描かれて以来、広く制作され、鎌倉の荏柄《えがら》天神に奉納された『荏柄天神縁起』などを始め、各地の天神社への奉納の動きが広がった。

『蒙古襲来絵詞』は、肥後の御家人竹崎季長により蒙古襲来時の合戦とその恩賞を求めた行動を記念して制作されている。鎌倉後期に訴訟制度が整えられ、それに向けて訴訟を有利に運ぼうとする工夫が様々に凝らされると、絵巻もその動きとともに描かれた。絵師の訴えを描いた『絵師草紙』はその典型である。

『一遍聖絵』や『法然上人絵伝《ほうねんしょうにんえでん》』『親鸞聖人伝絵《しんらんしょうにんでんえ》』のような、成長を遂げてきた仏教の祖師《そし》の伝記を描いて信仰を訴える祖師伝絵巻が制作され、寺社の縁起絵巻も広く描かれたが、これらには貴族・武士から民衆にいたるまで、広く信心を募って寄進や造営への勧進を促しその達成を祈念する目的があった。

鎌倉では禅や律の教えを広めるため、肖像画や絵巻が制作された。禅宗は法の教えが師から弟子へと継承されてゆくのが基本であったから、蘭渓道隆《らんけいどうりゅう》ら禅僧の頂相《ちんぞう》(肖像画)が描かれ、その影響もあって金沢実時や顕時ら武士の似絵《にせえ》も制作された。律宗の忍性は苦難の末に日本に渡って戒律を伝えた鑑真《がんじん》の事績を『唐征伝絵巻』に描いて、奈良の唐招提寺に永仁六年(一二九八)に寄せている。

絵巻の制作にあたって、絵師は絵に工夫を凝らした。『一遍聖絵』では、日本の各地の名所絵を挿入し、『伊勢新名所絵』は歌合の名所を描いて朝廷の保護を求め、『春日権現験記絵』は同時代の事件をリアルに描き、『蒙古襲来絵詞』もモンゴル襲来の現実を描いて読者の関心を惹いたのである。

詞書にも工夫が凝らされた。宗教界を覆っている混乱が天狗道《てんぐどう》に陥ったことによるとして描かれた『天狗草紙《てんぐぞうし》』には、絵の中に今日の漫画の吹き出しに相当する画中詞《がちゅうし》が記されている。次にあげるのは、その堂舎塔廟建立の建築現場での画中詞である。

少年「我こそ先におきたる主よ」

少年「何とて人の木をば取るぞ」

棟梁「あれらが逃れて、ものもせぬに、よくよく下知してものせさせたまへ」

少年たちが槍鉋《やりがんな》で削った木の切れ端を奪い合って争い、大工の棟梁が仕事をしないで遊ぶ天狗たちを働かせるよう指示している。さらに一遍の踊り念仏の場面では「や、ろはい、ろはい」という掛け声、「念仏の札、こちへもたびさぶらへ」という要求、「あれ見よ、尿乞《しと》う者の多さよ」といった非難の詞を描くのは、身体表現をリアルに描く工夫に基づいている。

2　南北朝の動乱とバサラの文化

二つの皇統と家職

建治元年(一二七五)十月、幕府が後深草院の皇子熙仁《ひろひと》を皇太子に立てるように要請して、熙仁の即位が約束され(伏見天皇)、その父後深草院が次に院政を行うことが定まり、ここに天皇家の分立、皇統の分裂という事態が生じた。亀山院から始まり後宇多・後二条・後醍醐と続く系統を大覚寺統《だいかくじとう》、後深草院に始まり伏見・後伏見・花園・光厳《こうごん》と続く系統を持明院統《じみょういんとう》といい、その名はそれぞれの皇統が管理していた御所の名に因む。

その皇統のうちの持明院統は朝廷固有の領域を固守しようと動き、大覚寺統は儒学や仏教など大陸の文化に関心を注ぎ王権に権力を集中しようと動いていったので、この二つの流れは互いに競い合いながら、それぞれに党派をつくって大きな潮流を形成していった。

こうした皇統対立の背景には、家をめぐる分立・対立が広くおきていたことが関係している。摂関家でも近衛・鷹司《たかつかさ》・九条・二条・一条の五つの家に分立して争うようになり、和歌の御子左家も藤原定家の孫の代に二条・京極《きょうごく》・冷泉《れいぜい》の三つの家に分立して争った。

その二条家は嫡流の為世《ためよ》が後宇多天皇に仕えて嘉元元年（一三〇三）に勅撰和歌集『新後撰和歌集』を撰集すると、持明院統と結んだ京極為兼《ためかね》がこれと対立して、正和元年（一三一二）に清新な和歌を集めた『玉《ぎょく》葉和歌集《ようわかしゅう》』を撰集した。冷泉家は阿仏尼《あぶつに》などが鎌倉に下って幕府に仕え、やがて二条・京極の没落するなかを生き残った。

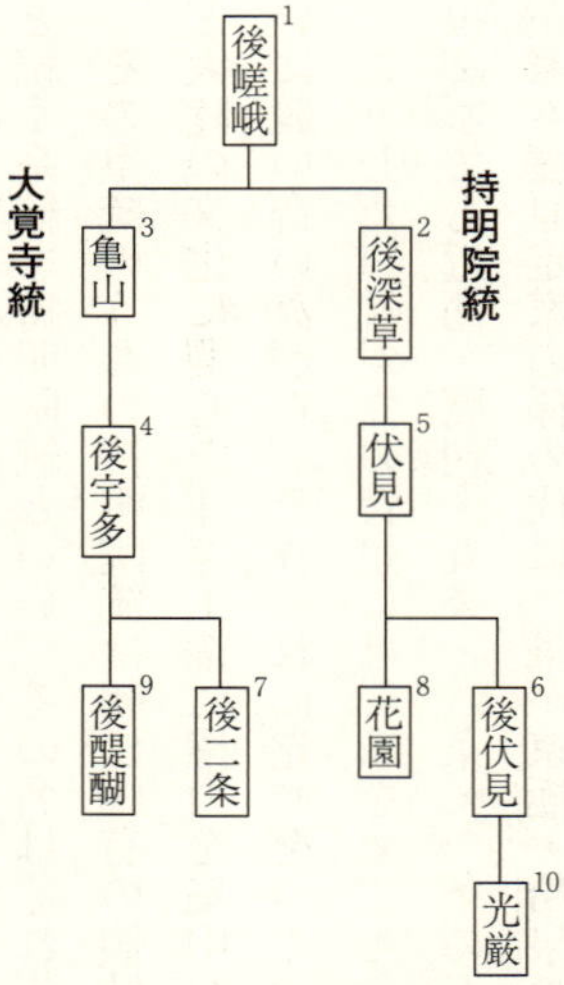

図 6-2　大覚寺統と持明院統

このように貴族の家ではその職能が家職として継承されており、皇統の分立も天皇家の家職の継承に基づいていたものと指摘できよう。『徒然草』は、こうした家職に関わる話を多く載せている。

二三一段に登場する園基氏《そのもとうじ》は、「園の別当入道はさうなき包丁者なり」と始まるように料理を家職としていて、その前に鯉が出され、人々から切ってほしいと見つめられているのを察知し、百日の鯉を切らせてほしい、とさりげなく語った。

これが興あることと噂され、この話をある人が「北山太政入道」西園寺実兼《さねかね》に語ったところ、実兼は、はっきり切らせよというべきである、と言い、勿体をつけるな、と批判したという。検非違使別当を早くに辞退して出家した苦労人の基氏と、関東申次《もうしつぎ》という幕府との仲介役を担っていた権勢の主実兼との、対照的な振る舞いや言動であった。

実兼は西園寺公経《きんつね》の曽孫で、朝廷に重きをなし、同じ公経の流れを引く洞院《とういん》家とは院を補佐する家職をめぐって争っていた。兼好は洞院家に仕えていて、その隆盛を築いた実雄《さねお》の話などを数多く載せている。和歌や箏《こと》などの管絃、公事関係の話など、兼好が一段において「ありたき事」としてあげた「まことしき文の道、作文、和歌、管絃の道、又有職に公事の方」と深く関わっており、洞院家はそれらの備わった家であった。

実兼は正安元年（一二九九）に出家して「北山入道」と称され、嘉元二年（一三〇四）に関東申次の任を嫡子の公衡《きんひら》に譲ったが、その公衡が発願し、春日権現の神の加護を求めて描かせ、春日神社に寄せたのが『春日権現験記絵』である。八三段は公衡が「竹林院の入道左大臣」として出家したことについて、太政大臣となるのに何の支障もなかったのだが、それは珍しくもないこと、と言って出家したという話である。

「医師篤成《あつなり》、故法皇の御前に候」と始まる一三六段に登場する医師の和気《わけ》氏の家の篤成は、本草《ほんぞう》学で得た知識を鼻高々に自慢し、後宇多法皇の重臣の源有房《ありふさ》にその鼻をへし折られ、一六〇段の、書の家職を継承していた世尊寺経尹は「門に額を懸くる」ことを「打つ」というのはよろしくない、と言葉遣いについて蘊蓄《うんちく》を語っている。

家職に関わって、有職故実が蓄積されたことから、その故実を争う場面も多く、それらが『徒然草』の話に取り入れられたのである。

職人の言動　兼好が仕えたのは大覚寺統の後宇多上皇の皇子後二条天皇であり、天皇に雑役を奉仕する滝口《たきぐち》として仕えたと見られる。兼好についてはこれまで蔵人《くろうど》と考えられてきたが、その根拠となる系図の信憑性は乏しく、室町時代に歌人の正徹《しょうてつ》が著した『正徹物語《しょうてつものがたり》』に「兼好は俗にての名也」「官が滝口にてありければ、内裏の宿直《とのい》に参りて、常に玉体を拝し奉りける」と、滝口と記していることなどにより、身分の低い滝口であったと考えるべきであろう。

兼好は滝口の身分で東国に下り、仕えていた後二条天皇が亡くなると、出家して遁世者となったことから、多くの職人と近いところに生き、住んでいたので、職人たちの行動と言動を生き生きと描いたのである。

一〇九段の「高名の木登りと云し男」(植木職人)は、枝先で作業していた時の弟子には黙っていたのに、地面に降りようかという段になってやおら、「誤《あやま》ちすな。心して降りよ」と発した。

その理由を兼好が尋ねると、過ち（事故）は安き時（不安がないと思った時）におきるものであると語るのを聞いて、「あやしの下《げ》ろうなれども、聖人の誡《いまし》めに叶へり」と褒め称えている。

一一〇段では「双六《すごろく》の上手」がその手立てについて、勝とうと打つな、負けぬように打つべきである、と守りの大事さを言うのを聞いて、これこそ道を知るものの教えであり、修身・治国もまた同じことだ、と感心している。一一八段では、碁を打つ人に例をとり、「一手もいたづらにせず、人に先立ちて、小を捨て、大に就くがごとし」と記し、総じて一生のうちで一番大事なことを考えるべきであり、その他は捨てて励むべきだ、と主張する。

一一四段では「高名の賽王丸《さいおうまる》」という牛飼童《うしかいのわらわ》が、その技術で尊ばれた話を語り、続く一一五段では、「宿河原《しゅくがわら》」に集まった「ぼろぼろ」たちが九品《くほん》念仏をしていたところ、訪ねてきた同じ「ぼろぼろ」との間で決闘をしたその様子を描いて、「放逸《ほういつ》無慘の有様なれど、死を軽くして、少しもなづまざる方」について、いさぎよく覚えた、と語っている。

この「ぼろぼろ」とは、絵巻『天狗草紙』に「放下《ほうか》の禅師と号して、髪を剃らずして烏帽子《えぼし》をき、坐禅の床を忘れて南北の巷にささら摺《す》り、工夫《くふう》の窓をいでて東西の路に狂言す」として描かれている「朝露」「蓑虫」「電光」「自然居士《じねんこじ》」などの禅宗系の芸能の職人であった。

職人の由緒と根源

職人たちは自らの職能の来歴を語り、根源を記してその存在も主張した。一遍は踊り念仏について、空也上人《くうや》が京の市屋や四条の辻などで始められたものであるが、以後、それに学ぶ者はいたにしても利益が遍《あまね》く及んでいなかったところ、今に時が至って機が熟した、と語っている。踊り念仏の経論の根拠については、「世尊《せそん》を見し者は即ち能《よ》く此事を信じ、謙敬して聞きて奉行し、踊躍して大歓喜す」という『無量寿経』に見える一文をあげている(『一遍聖絵』)。

世阿弥《ぜあみ》の『風姿花伝《ふうしかでん》』は猿楽能については次のように語る。

それ、申楽延年《さるがくえんねん》の事わざその源を尋ぬるに(中略)推古天皇の御宇《ぎょう》に、聖徳太子、秦河勝《はたのかわかつ》に仰せて、かつは天下安全のためかつは諸人快楽のため、六十六番の遊宴をなして申楽と号せしよりこのかた、代々の人、風月の景を借《いら》つてこの遊びの中だちとせり。

聖徳太子が秦河勝に命じて遊宴を行わせた時にその根源を求めている。このように、職人たちはその職能の来歴や根源を過去の神話や伝承に求めたのである。

この時代に多くの縁起が著されたのもその点と関係している。寺社の縁起を記した『神道集』や『諸山縁起』が編まれ、行者《ぎょうじゃ》や絵解き法師などの職人が寺社への参詣を誘う『寺社参詣曼荼羅』が制作されるようになった。『一遍聖絵』は一遍が遊行《ゆぎょう》した寺社の縁起を記し、一遍の念仏勧進とその寺社との関わりを記している。

対立する二つの皇統もおのおの由緒を主張した。南北朝時代になって、後醍醐天皇は吉野に逃れて南朝を立てたが、その由緒・根源を明らかにするために北畠親房《ちかふさ》が著したのが『神皇《じんのう》正統記《しょうとうき》』である。

大日本は神国なり。天祖はじめて基《もと》をひらき、日神ながく統《とう》を伝へ給ふ。我国のみこの事あり。異朝には其のたぐひなし。この故に神国と云なり。

こう始まって神代から後醍醐天皇の次の後村上天皇まで代々の歴史を描くが、持明院統の花園天皇については「第九十四代の天皇」と記すのみで、「第四十八世、後宇多院」のようには天皇の諡号を記さず、記事は至って少ない。「第九十五代、後醍醐天皇」については事績を詳細に記しており、神代から後醍醐天皇までは万世一系であるとの主張が込められたものとなっている。

後醍醐天皇の登場

文保《ぶんぽう》二年(一三一八)に後醍醐天皇が即位して後宇多法皇の院政が始まったが、これは法皇が花園天皇の譲位を強く求め、幕府を動かして実現させたものである(文保の和談)。

法皇が元亨元年(一三二一)に政務を後醍醐天皇に譲って、後醍醐天皇の親政が開始されると、天皇は意欲的な政治を推進し、それは退位した好学の花園上皇も評価するほどのものであった。軍記物語の『太平記』は、この後醍醐天皇の物語として語られ始まる。

御在位の間、内には三綱五常《さんごうごじょう》の儀を正して、周公・孔子の道に順《したが》ひ、外には万機百司《ばんきひゃくし》の政、怠《おこたり》給はず。延喜・天暦の治の跡を追はれしかば、四海風を望んで悦び、万民徳に帰して楽しむ。

このようにその政治を讃えた後、治世について「諸道」の興行、禅律の繁盛、顕密儒道の碩《せき》才《さい》の登用など職人を積極的に活用していったこと、商売や年貢輸送などの交通の障害になるとして関を停止したこと、飢饉に応じては米を施行《せぎょう》し、検非違使に命じて二条町に仮屋を建てて、米価を安定させたことなどを語り、記録所には自らが出て訴訟を決断したという。

熱心に学問にとりくみ、日野資朝《すけとも》など有能な学者を周辺に集めて儒教の談義を繰り返すなか、やがて「承久の乱前の体制に戻れ」というスローガンの下で、綸旨万能を主張し、他の権力・権威を否定していった。

実は、『徒然草』は後醍醐天皇の御前に集う人々を意識して書かれたものであったと考えられる。兼好は念仏者であり、歌人でもあったが、さらに物書きでもあって、『徒然草』はその作品、いわば文章読本であったといえよう。そのことを物語るのが、兼好が自らを語った二三八段である。

御随身近友《ちかとも》、自讃とて、七箇条かきとゞめたる事あり。みな馬芸させることなき事どもなり。その例をおもひて、自讃のこと七つあり。

院の御随身中原近友の自讃にならって、我が自讃を七か条にわたって記したもので、その自讃七か条は、落馬の予見に始まり、書物の出典の箇所、鐘の銘の誤りの指摘、書の鑑定、博識、勘の良さ、女房への対応などである。他の叙述と毛色の違うこの自慢話には、兼好の我が存在へのアピールがあったと考えられる。

そもそも『徒然草』全体がこうしたことに関わる話の数々を並べたものであり、人々の話を記してきているうちに、ここではそれらに対する我が対応を記して自讃としており、己が職能をアピールしたことになろう。『徒然草』や歌集からは兼好が和歌を代作していたことが知られ、『太平記』には足利尊氏側近の高師直《こうのもろなお》から依頼されて恋文を執筆した話が載る。

後醍醐天皇は次の皇位が我が皇子ではなく、兄後二条の系統に継承されることが幕府により定められていたことから、幕府に不満を抱くようになった。二つの皇統が交替で皇位を継承する両統迭立《りょうとうてつりつ》の原則があったのである。そこで幕府と関係の深い西園寺実兼の娘を中宮とし、中宮の皇子誕生に期待をかけた。その祈りのために絵巻『石山寺縁起』は描かれた。これに対し持明院統で量仁親王《かずひと》(後に光厳天皇)の皇位継承を祈る目的で描かれたのが『日吉山王絵巻《ひえさんのうえまき》』であり、それには「量仁親王、若し天子の位に備へ給はば山王御威光もいちじるしく、我山の繁昌も昔にはぢずこそとぞ、時の人は申ける」と書かれている。

後醍醐の期待も空しく皇子は生まれず、ついに皇位を実力で我が皇統に伝えるべく、倒幕の謀をめぐらした。『太平記』は無礼講《ぶれいこう》と称して人々を集め、策を練ったと語っている。

建武政権の誕生

正中《しょうちゅう》元年(一三二四)の計画は漏れ(正中の変)、幕府の追及は免れたものの、元弘《げんこう》元年(一三三一)には再び計画が漏れて今度は隠岐に流されて持明院統の光厳天皇が立てられた(元弘の乱)。

この「天皇の御謀叛」は後醍醐天皇の配流によって一件落着するかに見えたのだが、畿内近国で楠木正成《くすのきまさしげ》などの新興の武士、悪党の勢力が新たな戦法によって挙兵し、さらに有力御家人の足利高氏《たかうじ》が幕府に反旗を翻して隠岐の後醍醐天皇と連絡をとり挙兵したことで情勢は一変、幕府内部は北条氏と有力御家人とに分裂し、京の六波羅探題、鎌倉の幕府、博多の鎮西探題《ちんぜいたんだい》が襲撃の的になって幕府は倒壊した。

後醍醐天皇はあらゆる領域の人々に関わってゆき、悪党を引き込み、山野・河海で活動する人々を広く掌握し組織したのであり、こうした王権至上主義が倒幕をもたらし、公武一統の建《けん》武《む》政権が形成され、その誕生に功績のあった足利高氏は天皇の尊治《たかはる》の一字を与えられて尊氏《たかうじ》と改名した。建武政権は摂関を停止し、知行国制を廃するなど律令制への回帰を図り、律令政治への復古をスローガンとし、天皇が自ら年中行事書『建武年中行事』を著すなど親政を積極的に行った。

しかし王朝の政治機構の変質は久しく、天皇の考え通りには機能しなくなっていた。旧領を安堵《あんど》し新恩を給与することを謳っても、旧領を回復させると新恩地が少なくなってしまい、新恩を与えると旧領の回復を願う要求に応えられないという矛盾があった。すべてを後醍醐個人が勅断するシステムにも本来的に無理があり、雑訴《ざっそ》決断所《けつだんしょ》を置いて訴訟を担当させたが、様々な人を登用したために身動きがとれない弊害がおきた。

図 6-3　後醍醐天皇

建武二年（一三三五）七月に北条高時《たかとき》の遺児時行《ときゆき》が政権に不満を抱く武士たちを糾合した中先代《なかせんだい》の乱がおきると、鎌倉にいた弟の直義《ただよし》を助けるために勅許を得ないで下った尊氏が、ついに政権に反旗を翻し、持明院統の光明《こうみょう》天皇を立てたことから建武政権は崩壊し、後醍醐天皇は吉野に逃れて正統を主張し、南北朝の動乱が始まった。

尊氏は室町幕府の政治方針を『建武式目《けんむしきもく》』に掲げ、そのなかで幕府の所在地を京都とすべきか、鎌倉にすべきかを検討して京都を選ぶこととし、鎌倉には尊氏の子義詮《よしあきら》を置いて関東の支配権を与えた。暦応《りゃくおう》二年(延元四年、一三三九)に後醍醐天皇が吉野で亡くなり、その供養が天竜寺で行われたので動乱は終息するかに見えたが、尊氏と直義との武家政治の方針をめぐる対立がおきるなど、家職をめぐる対立はやまず、戦乱は容易に収まらなかった。

バサラと寄合

『建武式目』は「婆佐羅と号して専《もっぱ》ら過差《かさ》を好み、綾羅錦繡・精好銀剣・風流服飾、目を驚かさざるはなし」と、華美な「婆佐羅」(バサラ)の風俗や風潮を批判したが、バサラとは金剛石のことで、その光り輝く宝石のごとき芸能文化がこの時期に広がった。そのバサラの風潮をよく物語るのが後醍醐の肖像画である(図6-3)。

『太平記』巻三十三の「武家富貴の事」には、武士が富貴を謳歌し身に錦繡をまとい、食は八珍《はっちん》を尽くし、佐々木導誉《どうよ》(高氏)を始めとする大名が茶会を開いて寄合い、異国・本朝の重宝を集め、百座の粧《よそおい》を競った、と記され、闘茶《とうちゃ》の会の勝負には、染物・色小袖・沈香《じんこう》・砂金・鎧などが賭けられていたと語っている。

「バサラ大名」称された導誉は、鎌倉幕府では得宗の北条高時に仕えていたが、足利尊氏に従って幕府滅亡へと動き、室町幕府の形成に貢献して、近江守護や政所執事《まんどころしつじ》など室町幕府の要職を務めた。いっぽう『佐々木系図』に「香会、茶道、人に長ず」と記されたように、茶や能、連歌、花、香といったこの時代のあらゆる領域の芸能の展開に深くかかわった。そのバサラぶりについては『太平記』がいくつもエピソードを載せているが、その一つが次の話である。

暦応三年（一三四〇）十月、延暦寺の妙法院の法師とのいさかいで子の秀綱《ひでつな》が打擲《ちょうちゃく》されると、怒った導誉は妙法院を焼き討ちしたために、山門からの訴えで流された。するとその配流の途中、若党三百人に猿皮の靫《うつぼ》に猿皮の腰当をさせ、鶯《うぐいす》の籠を持たせて従わせ、酒肴を設けて遊女と遊びなどして公家の成敗と山門の訴えをあざけ笑ったという。猿は比叡山の神の使者とされており、猿楽の物真似にならって揶揄したのである。

栄西が伝えた茶を飲む習慣は鎌倉後期から急速に広がり、茶の飲み当てを競う茶勝負としての闘茶が行われるようになった。当初は京都の栂尾《とがのお》茶と他の産地の茶を飲みわけする形で始まったが、やがて「四種十服茶」といった複雑な飲み比べが行われ広がった。『二条河原落首《にじょうがわらのらくしゅ》』に「茶香十種ノ寄合モ　鎌倉釣《つ》リニ有リ鹿《しか》ト　都ハイトド倍増ス」と記されるほどに流行した。

多くの芸能のなかで、連歌は鎌倉でも盛んであった。『菟玖波集《つくばしゅう》』に載る性遵《しょうじゅん》法師の歌の詞書に「元応二年春の比《ころ》、鎌倉の花の下にて一日一万句の連歌侍りけるに」とあって、元応二年(一三二〇)に一万句という大規模な会が鎌倉で開かれていた。この花の下《もと》連歌は後鳥羽院の時代から流行し始めたもので、同好の士が集まる寄合の場で好まれ、隆盛を極めるようになっていた。『徒然草』には懸物《かけもの》を持ち帰った連歌師の話が載っている。

『太平記』は、楠木正成の籠る千早《ちはや》城を攻めていた鎌倉幕府軍が一万句の連歌を行ったと記しており、連歌は武士らの戦意高揚にも一役買った。建武政権が成立すると、上洛した人々の間では連歌が大いに流行し、その様は『二条河原落首』に「京鎌倉ヲコキマゼテ、一座ソロハヌ似非《えせ》連歌、在々所々ノ歌連歌、点者《てんじゃ》ニナラヌ人ゾナキ」と嘲されている。

佐々木導誉は連歌にも強い関心を示し、導誉の句風が一世を風靡したことを摂関家の二条良基《よしもと》の『十問最秘抄《じゅうもんさいひしょう》』は記している。文和《ぶんな》三年(一三五四)に播磨に出陣した際にも連歌会を開き、同五年三月には自邸で千句連歌会を開いている。

二条良基は連歌師の救済《ぐさい》に連歌を学び「抜群の由、世以て謳歌す」と評されるほどの力量を有し、康永《こうえい》四年(一三四五)に連歌論『僻連抄《へきれんしょう》』を著し、延文《えんぶん》二年(一三五七)に貴族や武士・地下《じげ》の連歌師など五百人以上に及ぶ作者の歌を収録する連歌集『菟玖波集』を完成すると、これに導誉が動き勅撰集となすことを朝廷に求め、准勅撰とされるに至った(『園太暦《えんたいりゃく》』)。

ここに連歌は広く定着することになった。共通の意思を持つ人々が寄り合って誓う寄合の場の結びつきにとってまことにふさわしい芸能であり、一揆《いっき》の結びつきを強めるために宗匠《そうしょう》を招いて連歌会がしばしば開かれるようになり、時代は和歌の時代から連歌の時代へと転換していったのである。

田楽と猿楽能

『二条河原落首』に「犬田楽ハ関東ノホロフル物ト云ナカラ　田楽ハナヲハヤル也」とあるように、連歌と並び田楽も大いに流行するようになった。早くには院政期に大流行して、白河院の殿上人までも踊ったことがあるが、やがて田楽法師が祇園祭の行列に歩田楽《あるきでんがく》として加わるようになり、広く神社に奉納する芸能となっていた。

鎌倉末期からは武家の北条高時や足利尊氏などが愛好し、貞和《じょうわ》五年（一三四九）六月に京の四条河原で大規模な勧進田楽が行われると、尊氏や二条良基、佐々木導誉らが見物するなか、見物の桟敷《さじき》が大崩れし多数の死者が出る事件がおきている。

もともと見物席としての桟敷は街中を通る行列を見物するために作られてきたもので、賀茂祭では桟敷から見物するのが常であって、『徒然草』一三七段はその祭見物の合間に桟敷で飲食し、囲碁・双六に興じている風景を描いている。演劇の舞台には堂や殿舎が用いられてきたのだが、『一遍聖絵』には仮設の板屋で踊り念仏が行われている風景が描かれている。

図6-4 『七十一番職人歌合』より猿楽と田楽

京の七条道場での踊り念仏では市跡の広場に板屋の舞台が設けられ、そこで念仏集団が踊りまわるのを、牛車《ぎっしゃ》や桟敷が取り囲み、それらから見物人が飲食しながら眺めている。ぐるりと取り巻く桟敷が観覧席として作られたのであって、ここでの踊り念仏はまさしく芸能興行となっているのがわかる。四条河原の桟敷は、それがもう一つ発展した姿であった。

田楽と並ぶ演劇の猿楽は、鎌倉時代の後半に近江や大和で座《ざ》を形成し発展してきていた。『風姿花伝』は、「大和国春日御神事にあひしたがふ申楽四座」として、能の座には「外山、結崎《ゆうざき》、坂戸、円満井」があり、ほかに近江の日吉社の神事に奉仕する猿楽三座の「山科、下坂、比叡」、伊勢の咒師《しゅし》二座、法勝寺の修正猿楽の三座「河内住の新座、丹波の本座、摂津の法成寺」があったという。

それを受けて大和結崎座の能作者の観阿弥《かんあみ》（世阿弥の父）が様々な芸能を取り入れ、能の芸術的基礎を築いた。『風姿花伝』には

「亡父にて候ひし者は、五十二と申しし五月十九日に死去せし」と記され、『常楽記《じょうらくき》』に至徳《しとく》元年(一三八四)に駿河で死去したとあるので、観阿弥は元弘三年(一三三三)に生まれ、康永三年(一三四四)に十二歳で猿楽能に童形でデビューしたことがわかる。その出自は伊賀とも大和とも見えるが、判然せず父や母もはっきりしない。

『風姿花伝』によれば、観阿弥が「我が風体の能」として指摘したのは、近代の田楽の聖として評判が高い本座の一忠《いっちゅう》の「鬼神の物まね、怒れるよそほひ、洩れたる風体なかりけるところ」の芸であり、さらに大和猿楽の「笛の上手」名生《めいせい》からも学んだように、広く芸能の良質な箇所を吸収し、能を芸術として高めていった。

文和四年(一三五五)四月、醍醐寺の鎮守・清滝宮の祭礼で大和猿楽の演能が、その六月には、京の新熊野社の六月会でも猿楽・田楽があって、これを守護大名の六角氏頼《ろっかくうじより》や佐々木道誉らが見物している。「親の観世、光済《こうさい》僧正の時、当寺において七ヶ日の猿楽、それ以後名誉にして京辺に賞翫《しょうがん》せられ」(『隆源僧正日記《りゅうげんそうじょうにっき》』)とあるように、醍醐寺三宝院院主の光済僧正のもとでの七日間の勧進猿楽に観阿弥が評判をとってから、京において賞翫されるようになったという。

そうしたなかで佐々木導誉が観阿弥父子を後援することになった。世阿弥の次男秦元能《もとよし》の『申楽談儀《さるがくだんぎ》』には、導誉と海老名の南無阿弥陀仏が田楽の一忠の芸を世阿弥に語ったことが見え、さらに「観阿、今熊野の能の時、申楽と云事をば、将軍家御覧初めらるる也。世子(世阿弥)十二の年也」「世子、十二の年、南都法恩院《ほうおんいん》にて装束たばかり(装束をあたえられて)の能有りて」とあって、世阿弥は十二歳の時に将軍足利義満《よしみつ》に認められたという。

3　型の文化

室町の王権

足利尊氏の子義詮が貞治《じょうじ》六年(一三六七)に亡くなり、孫義満が管領《かんれい》細川頼之《よりゆき》の補佐を得て将軍になると、室町幕府の体制が整えられていった。南北朝の動乱を描いた『太平記』が成立したのはこの頃であり、鎌倉府では足利氏満《うじみつ》が父基氏《もとうじ》の跡を継承して鎌倉公方《くぼう》になり、関東管領の上杉憲顕《のりあき》の補佐を得て、応安《おうあん》元年(一三六八)に武蔵の平一揆《へいいっき》を鎮圧し、大陸では明《みん》王朝が生まれるなど、東アジアの変動も鎮静化してきた。

義満は永和《えいわ》四年(一三七八)に室町に幕府御所の造営を始めたが、これが「花の御所」と称されたごとく、この時代には華やかな武家の王権によって文化的統合が進められていった。朝廷の諸権限を接収してゆき、太政大臣を経て出家すると、院政と同じような政治体制をしき、文化の上でも公家に代わって指導力を発揮した。

このことは、京都の都市文化を示す祇園祭への関与にうかがえる。祇園祭は南北朝末期になって新たな展開を見せており、応安七年(一三七四)の祇園祭は「祇園会鉾《ほこ》など、下辺経営す」(『師夏記《もろなつき》』)、永和二年(一三七六)の祇園祭も「下辺の鉾ならびに造物《つくりもの》の山」(『後愚昧記《ごぐまいき》』)とあって、洛中の下辺(下京)を中心に鉾や山が出されるようになったが、これは『尺素往来《せきそおうらい》』に「家々の笠車、風流の造山、八撥、曲舞、在地の所役」と見える「在地」の役としての山や鉾である。下京を中心にして形成されてきた町の自治組織を母体とする鉾や山が出されるようになっていた。

この山鉾を出す町は、北は二条、南は五条、東は万里小路、西は猪熊小路の範囲に及んでいて、町共同体が生まれつつあったのだが、この山鉾町の成長とともに将軍が祇園祭に深くかかわるようになる。永和四年(一三七八)の祇園祭では、義満が寵愛する藤若を伴って四条東洞院《しじょうひがしのとういん》の桟敷で見物したが、この藤若こそ幼い世阿弥であり、義満はその二年後に十間の桟敷から見物し、以後、将軍の見物は「祇園会御成」として恒例化する。義満はさらに、祭の費用を負担する馬上役の欠如に榅子入れをし、洛中の土倉(金融業者)に経費を負担させた。

永徳《えいとく》二年(一三八二)に花の御所の東に創建した相国寺《しょうこくじ》は、義満が後に太政大臣(相国)になったことにちなみ、禅僧の義堂周信《ぎどうしゅうしん》によって「相国承天禅寺」と命名され、五山の第一位、あるいは第二位とされた。すでに鎌倉幕府は五山制度を導入して鎌倉の主な禅刹を五山と呼ぶようになっていたが、室町幕府は正式に鎌倉・京都それぞれに五山を定めた。

相国寺内の鹿苑院《ろくおんいん》にはその五山の統轄機関となる鹿苑僧録《そうろく》が置かれたが、その規模といい、機能といい、相国寺は武家の宗教的権威を象徴するものとなった。義満が父義詮の三十三回忌に建てた境内の七重塔はまさに武家の王権を象徴しており、白河院が建立した法勝寺の八重塔が南北朝時代に焼失し再建されなくなったなか、相国寺の七重塔はそれに代わる王権を示威するモニュメントとなった。

その五山を中心に行われた漢文学が五山文学である。宋や元の禅林で行われていた文学を入宋僧や入元僧らが日本にもたらしたもので、四六騈儷文《しろくべんれいぶん》を用いて法語や漢詩が作られるようになり、幕府の外交文書を起草する政治的要請もあって盛んになった。代表的な詩文集に義堂周信『空華集《くうげしゅう》』、絶海中津《ぜっかいちゅうしん》『蕉堅稿《しょうけんこう》』がある。この五山文学の盛行に伴って、京都の天竜寺雲居庵や臨川寺《りんせんじ》で春屋妙葩《しゅんおくみょうは》らが盛んに出版活動を展開しており、これら木版印刷を五山版と呼ぶ。

北山文化　南北朝の対立は明徳《めいとく》三年(一三九二)に講和が成立し、公武統一政権が樹立されると、応永四年(一三九七)に義満は北山の西園寺邸を譲り受けて北山殿を造営し、同八年には「日本国王」を名乗って使者を明に派遣して冊封《さくほう》関係に入ることで、勘合《かんごう》貿易を推進し大陸から膨大な唐物を輸入しこれを王のコレクションとした。

唐物はその邸内の会所(天鏡閣)に「御物」として飾られ、将軍側近の目利きの遁世者である同朋衆《どうぼうしゅう》によって管理され、武家の王権を荘厳することとなった(『君台観左右帳記《くんだいかんそうちょうき》』『御物御画目録《ごもつおんえもくろく》』)。同じ邸内に建てられた三層の舎利殿は、世に金閣と称されたように、金箔が施されて王権の富を象徴し、王権を飾った。

こうした義満期の文化は金閣があった北山にちなんで北山文化と称されるが、その北山文化の経済的な背景には、列島の各地で守護や国人《こくじん》・村人が独自な拠点を形成したことや、各地の都市的な場において土倉や酒屋・禅僧などの富裕な有徳人が盛んな活動を繰り広げたことがあげられる。

幕府は土倉や酒屋などの金融業者を掌握して財源とするため、明徳四年(一三九三)に京中の土倉・酒屋を幕府の財源とする法令を出した。応永三十二、三十三年(一四二五、二六)に作成された京の酒屋名簿によれば、酒屋が北は一条から南は七条まで、西は大宮から東は東朱雀(鴨川の東の大路)までの洛中に満遍なく分布し、さらに一条以北、河東、北野、嵯峨などの洛外にまで及んでいた。やがておきた徳政一揆は、この金融業者を襲うことになる。

幕府が明・朝鮮との貿易を行うようになったのも、貿易の利を求めてのことであり、文化の面では、義満は御所に諸国から花を移植し、座敷に花を並べて七夕の花合わせを楽しんだ。六角堂の池坊《いけのぼう》の専慶《せんけい》により盛んになる立花《りっか》は、この頃から広がったのだが、義満が特に大きな保護をあたえたのが能である。

応安七年(一三七四)に京の新熊野社での観阿弥・世阿弥父子の猿楽を義満が気に入って以後、将軍の保護のもとで能の芸が高められていった。世阿弥は応永七年(一四〇〇)に『風姿花伝』を著し実践的な演劇論を展開した。応永八年に義満は贔屓《ひいき》の犬王《いぬおう》に自らの法名の道有(のち道義)の一字をあたえて道阿弥《どうあみ》と称させ、観阿弥の子には観世の一字をあたえて世阿弥と称させた。世阿弥に能の家の継承を認めたのである。

『風姿花伝』は、序で能の淵源を語った後にこの道に達すべき人への忠告、若年の時からの見聞を記している。本文では第一の「年来の稽古条々」で、年齢階梯に沿った芸のあり方を語り、第二の「物学ぶ条々」では、いかに物真似をすべきかの基本を語った後、女、老人、直面《ひためん》、物狂《ものぐるい》、法師、修羅、神、鬼、唐事《からごと》それぞれに、注意すべきポイントを記している。

第三の「問答条々」では、能を演じるにあたっての要点を八か条にわたる問答体で記し、最後に次のように語る。

およそ家を守り、芸を重んずるによて、亡父の申置し事どもを、心底にさしはさみて、大概を録する所、世のそしりを忘れて、道のすたれんことを思ふによりて、全く他人の才学に及ぼさんとにはあらず。ただ子孫の庭訓《ていきん》を残すのみなり。

これらは子孫に伝えようとして書いたという。父から継承した芸風を確立したことから、それを子孫に残すことを意図して書かれたものとわかる。

型の文化

注目されるのが芸の展開を人生の区切りごとに語っている点である。「この芸において、大方七歳をもて初めとす」と、能の芸は七歳の頃に始めるのがよいとしつつ、あまり教え込まないほうがよい、と指摘する。

これに続いて十二、三歳からは「はや漸々《ようよう》声も調子にかかり、能も心づくころなれば、次第しだいに物数も教ふべし」と、この頃から順次、物を教えてゆくのがよい、と語るなど、年齢の階梯に沿って、各段階の芸のあり方を記してゆく。その階梯は次のとおり。

十二、三より　この年のころよりは、はや漸々声も調子にかかり、

十七、八より　このころはまた、あまりの大事にて、稽古多からず。

二十四、五　このころ、一期の芸能のさだまる初めなり。

三十四、五　このころの能、盛りの極めなり。

四十四、五　このころよりは、能の手立、おほかた変はるべし。

五十有余

このころよりは、おほかた、せぬならでは、手立あるまじ。

各年代における芸の状況や、それぞれの時期に何をすべきかを記すなど、極めて教訓的な内容となっている。二十四、五の「一期の芸能」が定まるまでの時期は、ほぼ六歳ごとに変化しているが、それ以降は十年ごとに変化を刻んでいる。自らの人生を歩むなか、十年が一区切りになっている。その演劇論では「形木《かたぎ》」こと型の重要性を指摘しているが、日本の古典芸能者が型の追求を重視するのはこの時代に始まる。

世阿弥は芸能を花によくたとえた。「幽玄の花」「童の花」など花にたとえる表現が頻出している。著作も『風姿花伝』『花鏡《かきょう》』や『至花道《しかどう》』など花に因んだ書名が多い。将軍義持《よしもち》の時代になってからは、将軍や守護大名の禅への理解、能への鑑賞眼などに磨かれて夢幻《むげん》能を完成させ、「高砂《たかさご》」「井筒《いづつ》」などの曲として今に残されている。

連歌師の心敬《しんけい》の『ひとりごと』は、永享年中までは和歌や連歌の名匠・先達が活躍していたとし、猿楽では世阿弥について「世に無双不思議のことにて、色々様々の能どもを作りをき侍り」と記している。さらに禅宗の学者に明匠が多く現れたとして、南禅寺の惟肖得巌《いしょうとくがん》、建仁寺の心田清播《しんでんせいは》をあげる。ついで「よろづのさま、世の人には遥かに変はりはべる」と人々が語ったという一休宗純《いっきゅうそうじゅん》とその門弟の堺の南江宗沅《なんこうそうげん》、最後に心敬と親交のあった立蔵主《りつぞうす》をあげている。

絵画では、「同じ比《ころ》、絵かく人数を知らず、さる中にも周文《しゅうぶん》禅学、天下に並びなかりし最も第一となり」として周文を特にあげる。

「諸道の明匠」の出現したこの時代は、こうした人々が武家の王権とわたりあって、屹立した精神を求めていった花の時代であった。前代の諸道の成長を経て名人・達人が生まれたことによるのであり、和歌では今川了俊《りょうしゅん》から和歌を学んで、東福寺の書記となった正徹は、足利義教《よしのり》に疎まれたが、和歌に優れ歌論書『正徹物語』を著し、心敬らの弟子を育てた。

列島の経済的繁栄

この文化状況の背景をなす日本列島の経済的繁栄であるが、日明貿易の貿易港となった兵庫《ひょうご》をはじめ日本列島の湊町は活気に満ちていた。伊勢の安濃津《あのつ》は応永三十一年(一四二四)十二月の『室町殿伊勢参宮記《むろまちどのいせさんぐうき》』に「あのゝ津(安濃津)も近くなりぬるに、なぎさに松原のつづきたる所あり」と記され、「ゆききの船人の月に漕こえ」と句にも詠まれるような優良な湊町となっていた。安濃津とともに日本の三津として謡われた薩摩の坊津《ぼうのつ》は大陸や琉球貿易によって、津軽の十三湊《とさみなと》は蝦夷地貿易によって栄えた。

関東では武蔵の六浦《むつら》や神奈川、品川が賑わい、神奈川や品川では伊勢湾の大湊とを結ぶ廻船《かいせん》のあったことが知られており、六浦には禅宗の能仁寺《のうにんじ》、日蓮宗の上行寺《じょうぎょうじ》、真言宗の浄願寺《じょうがんじ》、時宗の引越道場などの仏教各派の寺院が競って進出し、湊町として賑わっていた。

列島の各地では守護や国人・村人がそれぞれ独自な拠点を形成し、各地に生まれた都市的な場では土倉や酒屋・禅僧などの富裕な有徳人が活動を繰り広げ、国人・地侍《じざむらい》・村人がそれぞれに一揆の場を形成し、上部の権力に対抗していた。連歌の芸能も国人や地侍の一揆の場で、能は村落の宮座《みやざ》でも楽しまれた。

湊町が繁栄し村が自立を始めたこの時代の動きは『庭訓往来《ていきんおうらい》』に記されている。この十四世紀から十五世紀にかけて往来物は多く作られた。摂関時代に作られ始めたが、当初は社交上の手紙の文例であったのが、ここでは手紙の形をとって諸般の知識を伝えるものとなっている。なかでも『庭訓往来』は、正月から十二月までの往復の書簡を通じ季節に応じた知識を語っている。その四月の往信は市町《いちまち》の興行について語り、そこに招くべき職人を列挙しており、これへの返信には各地の職人の具体的な活動の場が記されている。

京の町人、浜の商人、鎌倉の誂物《あつらえもの》、宰府《さいふ》の交易、室・兵庫の船頭、淀・河尻の刀禰《とね》、大津・坂本の馬借《まかせ》、鳥羽白河の車借、泊々の借上《かしあげ》、湊々の替銭《かわしせん》、浦々の問丸《といまる》、割符《さいふ》を以て之を進上し、俶載《しゅくさい》に任せて之を運送す。

最初に「京の町人、浜の商人」とあるのに、浜に具体的な地名が入っていないが、これは浜が複数あったからで、琵琶湖岸や淀川、瀬戸内海の浜、あるいは伊勢湾の安濃津などの浜の商人を、京の町人と対照させたのである。

続く「鎌倉の誂物、宰府の交易」は、鎌倉では周辺各地から誂物を得ており、大宰府では対外貿易により貿易品を得ていることを意味する。「泊々の借上、湊々の替銭、浦々の問丸」とあるのは、備後《びんご》の尾道《おのみち》浦や伊勢の安濃津、武蔵の六浦・神奈川湊など湊町の高利貸しや運送業者のことで、その取引には割符（小切手）が用いられていた。

四月の返信はさらに京・諸国の特産物をあげた後、次のように記している。

或は異国の唐物、高麗の珍物雲の如く霞の如し、交易売買の利潤は四条五条の辻に超過す、往来出入の貴賤は京都鎌倉の町に異ならず、

「異国の唐物、高麗の珍物」で溢れかえり、京都の四条や五条での売買の利潤を超え、京・鎌倉の町に出入りする人々の豊かさと匹敵すると記しているが、これは博多の町や若狭の小浜《おばま》など国際都市のことを考えてのものであろう。

型が形成された時代

四月の往信が記す市町の興行については、「市町は辻子《ずし》小路を通し、見世棚を構へしめ、絹布の類ひ、贄菓子《にえがし》、売買の便《たよ》り有るの様に相計らはるべき也」と記され、市町には小さな道を中に通し、道の両側に見世棚を構え、絹布や贄菓子（果実）などの売買の便があるように計らうのを良しとし、そこに招くべき職人をあげている。

商工業者では鍛冶、鋳物師、巧匠《ぎょうしょう》、番匠、木道《きのみち》、金銀銅の細工、紺掻、染殿《そめどの》、綾織、蚕養《こがい》以下、芸能者では、猿楽、田楽、師子舞《ししまい》、傀儡子《かいらいし》、琵琶法師以下。

実に多様な職人をあげるが、これら職人は前代に表舞台に登場し、この時代にその組織化が進み、活動の場を確保したのである。前代の職人歌合に対し、この時代には絵巻が作成されており(『七十一番職人歌合』)、市町をどう開催すべきかを記した商人の『河原巻物《かわらまきもの》』も制作された。

このほか『庭訓往来』は、正月では新年の小弓《こゆみ》や笠懸《かさがけ》などの遊宴について、二月では和歌・連歌・漢詩の会、五月では客人をもてなすための家財や家具、調度、六月では盗賊討伐への出陣の用意のための武具・乗馬の借用、出陣の命令系統や心得、七月では勝負事のための衣装や物具など、開いた会の進行や道具ほかを記す。

八月では訴訟の制度、手続き、組織とその職掌、もう一つの八月では将軍家若宮の行列、九月では仏事・法会の式次第、役僧、舞童《まいわらわ》、諸道具、十月では寺家の諸役、僧位僧官の名、十一月では病気の種類と治療法、予防・健康保持のための禁忌を語っており、宗教・社会・文化の広い領域にわたる知識を満載し、その定型が記されている。

三月や六月では武家の所領・館の経営、裁判制度を、十二月では任国赴任、行政管理の模様を記しているが、この時代には室町幕府の年中行事や儀礼が整えられ、鎌倉公方の足利成氏《しげうじ》も幕府にならって鎌倉府の年中行事を整えている。伊勢流や小笠原流などの武家の故実の型もこの時期に整えられ、武家の制度も型として整備されたのである。こうしたことから、『庭訓往来』は江戸時代になって手習所のテキストとして出版されるようになり、後世の庶民文化に大きな影響をあたえることになった。

中世の文化は家の文化を起点として、身体の文化を経て職能の文化が展開し、それらがこの時代には型として定着したのであり、さらには今日の社会へと継承されてきているのである。

おわりに

本書は、古代社会の動きから中世社会がいかに展開したのか、その中世初期の院政時代の歴史に始まって、それに続く中世社会の文化の広がりについて考えてきた。その際に百年ごとの変化に注目したのが本巻の大きな特徴であって、各時期における物の見方や考え方ともいうべき「思潮」を摘出し、この視点から文化の様相を整理し、それが今の社会や文化にいかに繋がっていたのかを見た。

戦国時代以降については他巻に委ねるが、ここで特に触れておきたいのは、中世に生まれた思潮が現代にまで大きな影響を及ぼしていることである。その思潮の有する力が継承され、我々の今があるいっぽう、その思潮によって我々の考えが制約されているのも事実である。歴史に蓄積された力をいかに発揮したらよいのか、逆にその制約からいかに自由になれるか、考えてゆく必要がある。

中世は遠い時代のことであって、今とは全く関係がないと思いがちであるが、決してそうではないことがわかっていただけたであろう。ただ本書のような新書判の通史では、どうしても個々の地域の歴史の流れまで言及できないので、この点については地域に即した歴史書を参考にしてほしい。

それでは次の、武家政権が本格的に展開する時代を扱う第二巻をお楽しみに。

岩波新書新赤版一〇〇〇点に際して

ひとつの時代が終わったと言われて久しい。だが、その先にいかなる時代を展望するのか、私たちはその輪郭すら描きえていない。二〇世紀から持ち越した課題の多くは、未だ解決の緒を見つけることのできないままであり、二一世紀が新たに招きよせた問題も少なくない。グローバル資本主義の浸透、憎悪の連鎖、暴力の応酬——世界は混沌として深い不安の只中にある。

現代社会においては変化が常態となり、速さと新しさに絶対的な価値が与えられた。消費社会の深化と情報技術の革命は、種々の境界を無くし、人々の生活やコミュニケーションの様式を根底から変容させてきた。ライフスタイルは多様化し、一面では個人の生き方をそれぞれが選びとる時代が始まっている。同時に、新たな格差が生まれ、様々な次元での亀裂や分断が深まっている。社会や歴史に対する意識が揺らぎ、普遍的な理念に対する根本的な懐疑や、現実を変えることへの無力感がひそかに根を張りつつある。そして生きることに誰もが困難を覚える時代が到来している。

しかし、日常生活のそれぞれの場で、自由と民主主義を獲得し実践することを通じて、私たち自身がそうした閉塞を乗り超え、希望の時代の幕開けを告げてゆくことは不可能ではあるまい。そのために、いま求められていること——それは、個と個の間で開かれた対話を積み重ねながら、人間らしく生きることの条件について一人ひとりが粘り強く思考することではないか。その営みの糧となるものが、教養に外ならないと私たちは考える。歴史とは何か、よく生きるとはいかなることか、世界そして人間はどこへ向かうべきなのか——こうした根源的な問いとの格闘が、文化と知の厚みを作り出し、個人と社会を支える基盤としての教養となった。まさにそのような教養への道案内こそ、岩波新書が創刊以来、追求してきたことである。

岩波新書は、日中戦争下の一九三八年一一月に赤版として創刊された。創刊の辞は、道義の精神に則らない日本の行動を憂慮し、批判的精神と良心的行動の欠如を戒めつつ、現代人の現代的教養を刊行の目的とする、と謳っている。以後、青版、黄版、新赤版と装いを改めながら、合計二五〇〇点余りを世に問うてきた。そして、いままた新赤版が一〇〇〇点を迎えたのを機に、人間の理性と良心への信頼を再確認し、それに裏打ちされた文化を培っていく決意を込めて、新しい装丁のもとに再出発したいと思う。一冊一冊から吹き出す新風が一人でも多くの読者の許に届くこと、そして希望ある時代への想像力を豊かにかき立てることを切に願う。

（二〇〇六年四月）

五味文彦

1946年山梨県に生まれる．1970年東京大学大学院人文科学研究科修士課程修了．東京大学教授等を経て，
現在－放送大学教授．東京大学名誉教授
専攻－日本中世史
著書－『院政期社会の研究』(山川出版社)
『鎌倉と京』(小学館)
『躍動する中世』(全集日本の歴史5，小学館)
『日本史の新たな見方、捉え方』(敬文舎)
『文学で読む日本の歴史　古典文学篇』『同　中世社会篇』『同　戦国社会篇』『同　近世社会篇』(山川出版社)
『日本史のなかの横浜』(有隣堂)ほか多数

中世社会のはじまり
シリーズ　日本中世史①　　岩波新書(新赤版)1579

2016年1月20日　第1刷発行
2023年1月25日　第7刷発行

著　者　五味《ごみ》文彦《ふみひこ》

発行者　坂本政謙

発行所　株式会社 岩波書店
〒101-8002 東京都千代田区一ツ橋2-5-5
案内 03-5210-4000　営業部 03-5210-4111
https://www.iwanami.co.jp/

新書編集部 03-5210-4054
https://www.iwanami.co.jp/sin/

印刷製本・法令印刷　カバー・半七印刷

ISBN 978-4-00-431579-7　　Printed in Japan

索　引

人　名

あ 行

か 行

さ 行

な 行

は 行

ま 行

や・ら・わ 行

事　項

あ 行

さ 行

た 行

な 行

は 行

ま 行

や・ら・わ 行

年　表

西暦	和暦	事　項
864	貞観 6	5 富士山噴火
866	貞観 8	8 藤原良房，摂政に　9 伴善男，配流(応天門の変)
869	貞観11	5 陸奥国，大地震・津波　6 祇園御霊会開催
878	元慶 2	3 出羽の夷俘の反乱(元慶の乱)
887	仁和 3	11 藤原基経，関白に
889	寛平 1	11 賀茂社臨時祭開催
891	寛平 3	1 宇多天皇による親政(寛平の治)
894	寛平 6	9 遣唐使停止
897	寛平 9	7 醍醐天皇即位
899	昌泰 2	9「僦馬の党」の関東での活動に対し，足柄坂・碓氷坂に関を置く
902	延喜 2	3 延喜の荘園整理令が出される
905	延喜 5	4 紀貫之ら『古今和歌集』撰進　8『延喜式』編纂開始
935	承平 5	2 平将門，常陸大掾平国香，同前大掾源護と戦う(平将門の乱)
939	天慶 2	12 平将門，新皇を宣言．藤原純友の乱
940	天慶 3	2 藤原秀郷・平貞盛，平将門を下総国に破る(平将門の乱終結)
941	天慶 4	6 藤原純友の死をもって承平・天慶の乱終わる
947	天暦 1	11 天暦の新制
960	天徳 4	宋の建国
967	康保 4	6 藤原実頼，関白に(後期摂関政治)
969	安和 2	3 源高明左遷(安和の変)
984	永観 2	8 花山天皇即位　11 永観の新制
985	寛和 1	4 源信『往生要集』を著す
988	永延 2	11 尾張国の郡司・百姓ら，国守藤原元命の非を訴える(『尾張国郡司百姓等解』)

994	正暦 5	4 正暦の大疫病
995	長徳 1	5 藤原道長，内覧に
1000	長保 2	12 清少納言『枕草子』を著す
1008	寛弘 5	この頃，紫式部『源氏物語』執筆
1019	寛仁 3	4 女真人，対馬・壱岐・筑前に来襲(刀伊の入寇) 12 藤原頼通，関白に
1027	万寿 4	12 藤原道長没(62)
1028	長元 1	6 下総で平忠常反乱(平忠常の乱)
1040	長久 1	6 長久の荘園整理令
1051	永承 6	源頼義を陸奥守に任じ，安倍頼時追討(前九年の合戦)
1052	永承 7	3 藤原頼通，宇治に平等院を建立．この年，末法元年
1053	天喜 1	3 平等院阿弥陀堂完成
1062	康平 5	9 安倍氏の最後の拠点，厨川柵が落ち，前九年の合戦終わる
1068	治暦 4	4 後三条天皇即位
1069	延久 1	2 延久の荘園整理令　⑩記録荘園券契所(記録所)を置く
1070	延久 2	12 後三条天皇，御願寺の円宗寺に行幸，供養
1072	延久 4	9 延久の宣旨枡　12 後三条天皇譲位，白河天皇即位
1073	延久 5	5 後三条院没(40)
1077	承暦 1	12 白河天皇創建の法勝寺，落慶供養
1083	永保 3	この年，奥州後三年の合戦
1086	応徳 3	9 藤原通俊，『後拾遺和歌集』撰進　11 白河天皇譲位し，院政開始
1087	寛治 1	12 後三年の合戦終わる
1090	寛治 4	1 白河院，熊野御幸
1093	寛治 7	8 興福寺衆徒，強訴
1096	永長 1	6 京中に田楽が大流行する(永長の大田楽)
1098	承徳 2	1 平正盛，若狭守に　10 源義家，院殿上人に
1106	嘉承 1	『堀河百首』編纂

1107	嘉承 2	3 藤原清衡，平泉に大長寿院建立　7 堀河天皇没(29)．白河院政の本格的展開．藤原忠実，摂政に　12 平正盛，源義親を追討
1120	保安 1	11 白河院，藤原忠実の内覧解任
1129	大治 4	7 白河院没(77)，鳥羽院政始まる
1132	長承 1	3 平忠盛，得長寿院を造り，その功により内昇殿を許される
1134	長承 3	長承の飢饉
1135	保延 1	8 平清盛，従四位下に叙せられる
1140	保延 6	8 西行の遁世
1141	永治 1	12 崇徳天皇譲位し，近衛天皇即位
1144	天養 1	9 源義朝の使者(三浦義継・中村宗平ら)，相模大庭御厨に乱入
1150	久安 6	9 藤原頼長，藤原氏の氏長者に
1155	久寿 2	7 近衛天皇没(17)，後白河天皇即位　8 源義平，源義賢を殺害
1156	保元 1	7 鳥羽院没(54)．崇徳上皇・後白河天皇，互いに兵を集める．天皇方の平清盛・源義朝ら，上皇の白河殿を夜襲し，上皇方を破る(保元の乱)．藤原頼長死(37)，崇徳上皇配流　⑨保元の新制
1157	保元 2	10 大内裏完成
1158	保元 3	8 後白河天皇譲位し，二条天皇即位
1159	平治 1	12 藤原信頼・源義朝ら院御所を襲い，後白河上皇を幽閉．信西自殺(54)．平清盛，信頼・義朝らを破る(平治の乱)
1160	永暦 1	3 源頼朝を伊豆に配流　6 平清盛，正三位に　8 平清盛，厳島社に参詣　11 美福門院没(44)
1164	長寛 2	9 平氏一門，『法華経』を書写し，厳島社に奉納(『平家納経』)　12 蓮華王院創建
1165	永万 1	7 二条天皇没(23)，後白河院政再開
1167	仁安 2	2 平清盛，太政大臣に　5 平重盛に諸国の海賊追討の宣旨

1168	仁安 3	2 六条天皇退位，高倉天皇即位
1170	嘉応 2	5 藤原秀衡，鎮守府将軍に　9 後白河院，福原に御幸し宋人に謁見
1176	安元 2	7 建春門院没(35)
1177	治承 1	4 京の大火　6 平清盛，源行綱の密告により平氏打倒の陰謀を知り，藤原成親・西光・俊寛らを捕える(鹿ケ谷の陰謀)
1179	治承 3	7 平重盛没(42)，11 平清盛による治承三年のクーデター，後白河院政停止
1180	治承 4	4 以仁王の乱　6 福原遷都　8 源頼朝，伊豆で挙兵　10 源頼朝，富士川の合戦で平氏軍を破る　12 平氏，南都焼き討ち
1181	養和 1	②平清盛没(64)　8 重源，東大寺大仏再建の勧進職に任じられる
1182	養和 2	この年，養和の飢饉
1183	寿永 2	7 平氏都落ち　8 後鳥羽天皇即位　10 源頼朝に東国支配権を認める
1185	文治 1	3 長門国壇ノ浦にて平氏滅亡．安徳天皇入水(8)　11 源頼朝に守護地頭の勅許
1187	文治 3	8 鶴岡八幡宮放生会，開かれる
1189	文治 5	7 源頼朝，藤原泰衡追討へ(奥州合戦)　9 奥州藤原氏滅亡
1190	建久 1	11 源頼朝，上洛
1192	建久 3	3 後白河法皇没(66)，7 源頼朝，征夷大将軍に．永福寺創建
1195	建久 6	3 源頼朝，上洛し東大寺大仏殿供養
1198	建久 9	1 後鳥羽院政，始まる
1199	正治 1	1 源頼朝没(53)，子頼家が家督を継承
1203	建仁 3	9 源実朝，将軍に
1205	元久 2	3 藤原定家ら『新古今和歌集』撰進
1207	建永 2	2 法然・門徒ら流罪に(建永の法難)
1212	建暦 2	3 建暦の新制．鴨長明『方丈記』を著す
1213	建保 1	5 和田義盛，挙兵し敗死(67．和田合戦)

1219	承久 1	1 源実朝，暗殺される(28)
1221	承久 3	5 後鳥羽上皇，北条義時追討の宣旨を発する（承久の乱） 7 敗れた後鳥羽上皇は隠岐に，順徳上皇は佐渡に配流
1224	元仁 1	6 北条泰時，執権に
1225	嘉禄 1	7 北条政子没(69) 12 幕府，評定衆を置く
1230	寛喜 2	寛喜の大飢饉
1232	貞永 1	8『御成敗式目』(『貞永式目』)制定
1238	暦仁 1	3 鎌倉大仏，建立開始
1244	寛元 2	7 道元，大仏寺(後の永平寺)創建
1247	宝治 1	6 北条時頼，三浦氏を滅ぼす(宝治合戦)
1252	建長 4	4 宗尊親王，将軍に迎えられる
1253	建長 5	11 建長寺供養
1261	弘長 1	2 弘長の関東新制
1262	弘長 2	11 親鸞没(90)
1266	文永 3	7 宗尊親王を京に帰し，惟康親王を将軍に奏請
1268	文永 5	1 モンゴルより国書到来
1271	文永 8	9 日蓮の佐渡配流
1274	文永11	10 文永の役
1281	弘安 4	5 弘安の役
1282	弘安 5	12 北条時宗，文永・弘安の役の戦死者供養のため円覚寺建立
1284	弘安 7	4 北条時宗没(34) 5『新式目』制定
1285	弘安 8	11 安達泰盛一族，平頼綱に滅ぼされる(霜月騒動)
1297	永仁 5	3 永仁の徳政令
1299	正安 1	8『一遍聖絵』成る
1301	正安 3	1 後二条天皇即位し，兼好仕える
1312	正和 1	3 京極為兼，『玉葉和歌集』を撰進
1317	文保 1	4 幕府が持明院統・大覚寺統の迭立を提案するが，協議不調に(文保の和談)
1321	元亨 1	12 後醍醐天皇親政．記録所を置く
1324	正中 1	9 正中の変

1331	元弘 1	5 元弘の乱
1333	正慶 2	5 鎌倉幕府滅亡　6 後醍醐天皇の新政
1335	建武 2	7 北条時行，信濃で挙兵し鎌倉を攻める(中先代の乱)
1336	建武 3	11『建武式目』を定める　12 後醍醐天皇，吉野に移る(南北朝の対立)
1338	暦応 1	8 北朝，足利尊氏を征夷大将軍とする
1339	延元 4	8 後醍醐天皇没(52)
1350	観応 1	11 足利直義，高師直・師泰の討伐のため兵を募る(観応の擾乱)
1357	延文 2	⑦『菟玖波集』勅撰に準ぜられる
1368	応安 1	6 応安の半済令
1378	永和 4	2 足利義満，花の御所に
1392	明徳 3	⑩南北朝の合一
1397	応永 4	4 足利義満，北山殿(金閣)を造営
1399	応永 6	10 応永の乱
1400	応永 7	世阿弥『風姿花伝』を著す
1408	応永15	5 足利義満没(51)
1428	正長 1	9 正長の土一揆
1438	永享10	8 永享の乱
1441	嘉吉 1	6 嘉吉の乱
1467	応仁 1	1 応仁の乱

参考文献

網野善彦『日本社会の歴史』上・中・下，岩波新書，1997
石井進『日本の中世 1　中世のかたち』中央公論新社，2002
石井進ほか編『岩波講座日本通史 7　中世 1』岩波書店，1993
木村茂光『日本中世の歴史 1　中世社会の成り立ち』吉川弘文館，2009
黒田俊雄『権門体制論』(『黒田俊雄著作集』1)，法蔵館，1995
河内祥輔『日本中世の朝廷・幕府体制』吉川弘文館，2007
五味文彦『院政期社会の研究』山川出版社，1984
五味文彦編『日本の時代史 8　京・鎌倉の王権』吉川弘文館，2003
五味文彦『書物の中世史』みすず書房，2003
五味文彦『全集日本の歴史 5　躍動する中世』小学館，2008
五味文彦『日本史の新たな見方、捉え方』敬文舎，2012
五味文彦『文学で読む日本の歴史　古典文学篇』山川出版社，2015
五味文彦『日本史のなかの横浜』有隣新書，2015
五味文彦・佐野みどり・松岡心平『日本の中世 7　中世文化の美と力』中央公論新社，2002
桜井英治ほか編『岩波講座日本歴史 6　中世 1』岩波書店，2013
佐藤進一『日本の中世国家』岩波書店，1983
橋本義彦『平安貴族』平凡社，1986
本郷恵子『全集日本の歴史 6　京・鎌倉　ふたつの王権』小学館，2008
美川圭『院政の研究』臨川書店，1996
元木泰雄編『日本の時代史 7　院政の展開と内乱』吉川弘文館，2002

図版出典

1-1　田中家蔵(『日本絵巻大成8　年中行事絵巻』中央公論社，1977)
1-2　東京国立博物館蔵(『続日本絵巻大成14　春日権現験記絵(上)』中央公論社，1982)
2-4　東京国立博物館蔵(『日本絵巻大成15　後三年合戦絵詞』中央公論社，1977)
3-1　宮内庁三の丸尚蔵館蔵
3-4　粉河寺蔵(『日本絵巻大成5　粉河寺縁起』中央公論社，1977)
3-5　知恩院蔵(『続日本絵巻大成1　法然上人絵伝(上)』中央公論社，1981)
3-6　萬野家蔵(『日本絵巻大成26　西行物語絵巻』中央公論社，1979)
3-7　田原市教育委員会提供
3-9　毛越寺提供
4-1　田中家蔵(『日本絵巻大成8　年中行事絵巻』中央公論社，1977)
4-2　ボストン美術館蔵
4-3　妙法院提供
4-4　沖縄県立博物館・美術館蔵
4-5　朝護孫子寺蔵(『日本絵巻大成4　信貴山縁起』中央公論社，1977)
5-1　宮内庁三の丸尚蔵館蔵
5-3　水無瀬神宮蔵
5-4　大通寺蔵
5-5　称名寺光明院蔵，神奈川県立金沢文庫管理
5-6　歓喜光寺蔵(『日本絵巻物全集10　一遍聖絵』角川書店，1960)
6-1　石山寺蔵(『日本絵巻大成18　石山寺縁起』中央公論社，1978)
6-3　清浄光寺蔵
6-4　『新日本古典文学大系61　七十一番職人歌合　ほか』(岩波書店，1993)